本书为 2016 年度国家社会科学基金项目"从灾害复原力视角探讨社会工作介入灾害应急服务机制之研究"的阶段性成果。项目编号：16BSH120。

合作与冲突

灾害社会工作跨部门机制构建

HEZUO YU CHONGTU

ZAIHAI SHEHUI GONGZUO KUABUMEN JIZHI GOUJIAN

张粉霞 著

中国社会科学出版社

图书在版编目（CIP）数据

合作与冲突：灾害社会工作跨部门机制构建／张粉霞著 . —北京：
中国社会科学出版社，2017.11

ISBN 978 - 7 - 5203 - 1047 - 5

Ⅰ.①合…　Ⅱ.①张…　Ⅲ.①救灾—社会工作—研究—中国
Ⅳ.①D632.5

中国版本图书馆 CIP 数据核字（2017）第 231939 号

出 版 人	赵剑英
责任编辑	赵　丽
责任校对	闫　萃
责任印制	王　超

出　　版	中国社会科学出版社
社　　址	北京鼓楼西大街甲 158 号
邮　　编	100720
网　　址	http://www.csspw.cn
发 行 部	010 - 84083685
门 市 部	010 - 84029450
经　　销	新华书店及其他书店

印　　刷	北京明恒达印务有限公司
装　　订	廊坊市广阳区广增装订厂
版　　次	2017 年 11 月第 1 版
印　　次	2017 年 11 月第 1 次印刷

开　　本	710 × 1000　1/16
印　　张	13.75
插　　页	2
字　　数	186 千字
定　　价	58.00 元

凡购买中国社会科学出版社图书，如有质量问题请与本社营销中心联系调换
电话:010 - 84083683

谨以此书献给 2008 年震灾伤痛的经历者和记忆者

目　　录

第 一 章

绪　　论[*]

随着全球公共治理理论与实践的发展，新型公共议题所涉及的主体、范畴及领域日趋多元化，公共事务治理的内涵愈加纷繁复杂。多元主体协同合作的社会治理模式逐渐在政府、市场和社会领域达成共识。特别在重大灾难，如 2008 年 5 月 12 日的"汶川大地震"、2010 年 4 月 14 日的青海"玉树地震"、2013 年 4 月 20 日的"雅安地震"等这样的巨灾面前，没有一个组织能够拥有灾后救援所需要的全部资源。在此情景下，跨部门合作为灾难救援提供了一条新的治理路径：政府有潜力提供更为可靠的资源，非营利组织比政府更能提供个性化的服务。

一　研究源起

回顾 2008 年的"5·12 汶川大地震"，里氏 8.0 级的特大地震波及 10 个省（市）、417 个县、4600 多个乡镇及近 4.8 万个村庄，导致 4000 多万人口受灾，8 万多人口死亡及失踪，整个灾区直接经济损失达到 8000 多亿元。地震发生后，中央政府第一时间启动全民紧急响应机制。2008 年 6 月 11 日，国务院印发了《汶川地震灾后恢复重建对口支援方案》，确定东部、中部地区 19 个省（市）作为援助方，援助四川省 18 个县市及甘肃、陕西等受灾严重地区进

---

* 本书为 2016 年国家社会科学基金项目"从灾害复原力视角探讨社会工作介入灾害应急服务机制之研究"（16BSH120）阶段性成果。

行灾后恢复重建工作。

上海市作为四川省都江堰市灾后重建的对口援建方，除了常规性的房屋、医院、学校等"硬件"援建项目之外，亦有诸如养老服务、医疗卫生、教育师资援建等"软性"服务项目。其中，由上海市民政局、上海市社会工作者协会、复旦大学、华东理工大学、上海师范大学、浦东社工协会等组织联合成立的"上海社工灾后重建服务团"（以下简称"服务团"），作为一支专业的社会工作力量，支持都江堰灾区开展灾后服务与重建。

作为开展灾后重建而临时组织的服务团队，作为社会工作专业首次参与灾后救援的探索性尝试，作为上海市民政局与社会工作学术界、实务界的第一次跨部门灾后救援合作，服务团自然成为救援工作中的一个新亮点。在被赋予了重大专业责任的同时，服务团亦承载了诸多远远超出其原有能力水平的期待。

（一）研究背景

2008 年 5 月 12 日"汶川大地震"发生后，5 月 13 日，上海市民政局邀请沪上有社会工作专业背景的相关机构负责人，共同研讨社工介入"5·12 汶川大地震"灾后服务和重建的可行性和必要性。

笔者从《上海社工灾后重建服务团报告》中摘录以下几项重要事件来反映服务团成立的经过。

2008 年 5 月 13 日 19：00，市民政局召集复旦大学、华东理工大学、上海师范大学、上海市社区青少年事务办公室、上海市社会工作者协会、浦东新区社会工作者协会、上海市阳光社区青少年事务中心，以及市民政局救灾救济处等有关单位的专家、学者和领导召开紧急会议，研讨社工介入"5·12 汶川大地震"灾后服务与重建的可行性和必要性。

2008 年 5 月 15 日晚，市民政局印发《上海市民政局关于组建"上海社工灾区援助团"的请示》，向上海市政府请示，将组建的"上海社工灾区援助团"（后更名为"上海社工灾后重建服务团"）纳入市政府派出的专业救灾团队管理范围。

2008年5月16日上午，胡延照副市长在市民政局的《上海市民政局关于组建"上海社工灾区援助团"的请示》上做了重要批示："希平、海林同志：拟大力支持、精心组织。心理慰藉是救灾后预防工作的重要方面，上海应有所作为。"

2008年5月16日晚，市民政局局长办公会议讨论决定，由上海市社会工作者协会牵头，成立"上海社工灾区援助团"专家先遣团，赴四川绵阳开展社会工作介入灾后服务需求评估。当晚，上海市民政局向民政部办公厅报送了上述信息。

2008年5月17日，民政部向国办专报了"上海社工灾区援助团"专家先遣团将赴四川绵阳开展社会工作服务需求评估的信息。

2008年5月18日，国办《昨日要情》摘要采用了上海组织"上海社工灾区援助团"赴绵阳灾区开展社会工作服务的有关信息。下午，民政部副部长罗平飞专门批示四川省民政厅，要求给予大力支持。

2008年6月25日，在经过一个多月的紧张筹备后，"上海社工灾后重建服务团"的第一支队伍——华东理工大学服务队正式进驻都江堰市"勤俭人家"安置点，开展社会工作专业服务。

2008年7月24日，"上海社工灾后重建服务团"其他三支服务队——复旦大学服务队、阳光·上海师范大学服务队和浦东新区服务队分别进驻都江堰市。至此，"上海社工灾后重建服务团"四支服务队按照预定的工作方案全部到位。

服务团从2008年6月25日开始进驻都江堰，到2009年1月

12 日，直接服务结束。在为期近 7 个月的时间里，先后约有 30 批次 250 余名上海的社工老师、学生和一线社工，为都江堰的 4 个灾后临时安置社区（"勤俭人家"安置点、"城北馨居"安置点、"幸福家园"安置点和"滨河新村"安置点）的约 22000 名居民提供社会工作专业服务。社工们秉承着专业助人的价值理念和工作方法，怀着"摸着石头过河"的探索心态，以"社区重建"为重心，以"和谐巷""火凤凰""飞翔的翅膀"等服务项目为载体，通过整合社会资源、重建支持网络等手段，抚慰灾民情绪，重建社会关系，协助灾区人民开展自救和自建。这些尝试与探索，不仅在"灾害社会工作"专业领域积累了诸多宝贵的实务经验和理论反思，更是为政府与社会工作非营利组织在"跨部门灾后救援"合作领域提供了参考与借鉴。

诚然，看似顺理成章的合作关系在现实运作的过程中可能并非一帆风顺。正如学者罗纳德·麦奎德（Ronald W. McQuaid）所言，组织之间协调合作关系的建立，往往需要花费相当的时间和过程，而且合作关系建立之后，并不意味着关系将持续维持，也无法保证彼此的合作一定能成功、有效地达成目标，其间可能充满诸多的挑战、困境和冲突，甚至最后出现"破局"的困境。①

（二）研究缘起

作为"上海社工灾后重建服务团"团部工作人员，笔者有幸参与了服务团的组建、组织、后勤服务以及前方第一线服务的相对完整的运作过程。笔者于 2008 年 10 月 5 日至 10 月 25 日在都江堰市"勤俭人家"安置社区开展为期 20 天的直接服务。此外，笔者先后于 2008 年 11 月、2009 年 4 月等多个时间段前往都江堰开展"都江堰社区工作人员专题培训""都江堰社会工作职业资格考前培训"等间接服务。在全程参与服务的过程中，笔者不仅

---

① Ronald W. McQuaid, "The Theory of Partnership: Why Have Partnership?" in Stephen P. Osborne (ed.), *Public-Private Partnerships: Theory and Practice in International Perspective*, London: Routledge press, 2000, p.35.

感受到了服务团成员之间在合作初期高涨的合作意愿与浓厚的和谐氛围，亦感受到了合作中、后期彼此之间的频繁摩擦与逐渐耗损的服务热情。

"5·12汶川大地震"距今已有9年多的时间，灾难的影响逐渐远去，人们对灾难的痛苦回忆渐渐淡化。但是，笔者作为全程参与服务团工作的经历者，作为曾经在灾区开展实务服务的一线工作者，作为长期从事社会工作的理论研究者，参与灾后救援服务的经历非但没有随着时间的推移而有所淡忘，与之相关的疑惑与困扰反倒与日俱增，挥之不去：其一，在灾害发生时，是什么样的因素促使上海市民政局能够与复旦大学、华东理工大学、上海师范大学、浦东社工协会等几家非营利社会工作组织（机构）快速建立合作关系？其二，在合作的过程中，上述几家机构在人力资源、行政资源、物资资源等方面是通过怎样的方式进行合作与分享的？其三，在中国"官本位"的官僚体制建构下，这样的合作方式能够实现真正意义上的政府与非营利组织间的"平等合作关系"吗？其四，没有受过专门的系统的"灾害服务"训练的社工服务队，其在灾区开展的服务效果如何？有哪些服务缺陷或不足？更为关键的是，在"预防胜于治疗"的现代灾害管理模式下，处于灾难平稳期的专业学者、实务工作者以及相关行政职能部门，应该从哪些方面进行完善和储备，以期为灾害的再一次降临做充足的准备？

遗憾的是，上述疑惑在中国现有的研究中并未有深入、系统的阐述和分析。在国际灾害社会工作研究中，组织关系网络建构以及组织网络之间的协调合作一直是社会工作研究的重要议题。这是因为将不同类型的组织进行链接，可以转化、整合成丰富的救助资源，从而满足灾民的多元需求。而且组织网络之间的协调、互动，可以有效提高灾害服务系统的传递效率，避免灾害救援资源的浪费、重叠或空缺。针对灾难服务中社工组织机构的研究，中国学者较多地关注社工组织机构（站/点）的类型、服务模式及服务内容等方面短期的、个别化的以及描述性的研究，而对社会工作服务机构的长期纵向跟踪研究以及服务机构之间的横向网络研究较少。① 近年来，随着公共治理理论的快速发展，政府与非营利组织合作的"公私协力"的议题研究可谓是汗牛充栋，但是，灾难服务中政府与非营利组织的合作议题研究并不多，特别从政府与非营利组织合作的理论视角来探索灾害社会工作服务的跨部门合作议题，更是少之又少。②

（三）研究意义

1. 理论意义

首先，本书将当下公共管理领域最热门的"跨部门合作"议题引入灾害社会工作的专业领域范畴，并从合作要素、合作模式、合作成效、合作困境的系统视角对灾害社会工作的实践探索进行剖析，尝试将跨部门合作理论与灾害社会工作专业理论进行跨学科整合。

其次，本书在系统梳理跨部门合作理论的基础上，将合作关系的结构要素与过程要素进行探索性整合，建构出跨部门合作的整体性研究架构，试图弥补合作关系的设计与管理缺乏整体性概念架构的不足。

最后，从灾害社会工作的国际研究层面看，本书所秉持的灾害社会工作的跨部门合作的理论视角，一方面回应了国际灾害社会工作对组织间关系网络研究逐渐重视的趋势；另一方面亦为中国灾害社会工作跨部门合作研究提供了参考。

2. 现实意义

本书在理论探索的基础上，通过对"上海社工灾后重建服务团"实际运作过程的分析，对灾害社会工作跨部门合作的议题进行了实践层面的反思与建构。

---

① 张粉霞、张昱：《化危机为转机：国际灾害社会工作研究综述》，《社会工作》2014 年第 1 期。

② 张粉霞：《合作与冲突：灾难服务中的政社合作机制研究——以上海社工灾后重建服务团为例》，《晋阳学刊》2015 年第 1 期。

首先，秉承着社会工作的反思性思维和客观态度，本书最大限度地呈现了服务团运作的全过程，分析了服务团合作关系建立的成功要素、服务团合作关系的类型、服务团的服务内容与成效、合作过程中的冲突与矛盾背后的深层原因等议题。这样一个全景、全程式的一手资料梳理与实证分析，除了其本身具有的理论研究意义之外，对于那些曾经参与服务的同人抑或是遗憾未能参加服务的同行，这样的情景再现应是一个较好的集体性回忆、反思与共鸣的桥梁载体。

其次，在专业能力提升的层面，灾害社会工作跨部门合作的最终目标是通过合作实现并提升社会工作灾后救援的功能。本书整理出社会工作在防灾备灾、紧急救援、过渡安置和恢复重建四个不同阶段所应发挥的角色功能，以及"价值、知识与技术"三位一体的灾害社会工作专业能力提升的路径建构，为社会工作者处理灾害场景的特殊性提供了较强的操作指引和实务指导。

最后，在合作机制建构方面，本书提出在社会工作非营利组织之间建立"常态性社会工作防救灾行动联盟"、在政府与社会工作非营利组织的互动层面建立"融入灾难管理架构的跨部门合作机制"的对策建议，为中国灾害救援服务机制的进一步完善提供了借鉴参考。

二 研究的基本思路

本书研究的核心是在灾难服务的过程中，以社会工作为主要专业背景的组织机构之间如何进行跨部门合作互动，方能最大限度地发挥"灾害社会工作"的专业功能。要回答这一核心问题，需要将"灾害社会工作"研究议题与跨部门合作理论进行有效整合。

目前，关于跨部门合作，特别是政府与非营利组织合作的研究，已经在各个层面积累了相当的研究成果，但是这些研究存在的较大问题是缺乏相对统一的理论体系。正如詹尼弗·布林克霍夫（Jennifer M. Brinkerhoff）所言，尽管很多人具有合作性关系的认识，同时也赞成促成这种关系的发展，但是对于合作性关系的设计和管理等方面，无论是在理论上还是在概念框架上，人们都很少涉及。对于合作性关系究竟是什么，仍然没有一个具体的认识。[①]

组织间的合作关系可以分为静态的结构层面和动态的过程层面。第一，静态的结构层面包括组织间建立合作关系的关键要素，组织间的组织架构、合作模式、合作机制（沟通互动方式）以及合作困境等议题；第二，动态的过程层面，主要是指合作关系的生命周期，即前合作关系阶段、合作关系建立与巩固阶段、合力传递服务阶段以及合作关系终止或持续阶段。

目前，在尚未有可供参考的"灾害社会工作跨部门合作"研究逻辑的前提下，本书借鉴合作关系的结构面和过程面的二分法则，以组织间合作关系的生命周期为线索，将结构面的合作要素、合作模式、合作机制、合作困境等研究要素，以及灾害社会工作研究议题逐一嵌入合作关系的不同阶段，提炼出四个主要的研究议题：①在前合作关系阶段：主要探索"上海社工灾后重建服务团"合作关系得以建立的关键性要素；②在合作关系建立与巩固阶段：主要探讨服务团合作关系的组织架构及合作模式；③在合力传递服务阶段：主要探索灾害社会工作服务传递的内容及成效；④在合作关系终止阶段：主要探讨合作过程中的困境与冲突议题。通过对上述四个层面的分析，进而提出本书的建议，即灾害社会工作跨部门合作机制的建构。

本书的研究思路如图 1-1 所示。

---

① Jennifer M. Brinkerhoff, "Government-nonprofit Partnership: A Defining Framework", *Public Administration*, Vol. 22, 2002.

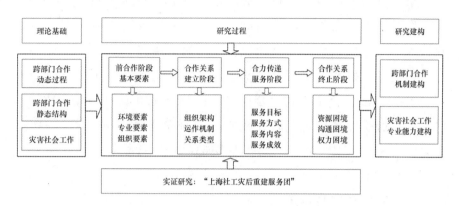

图 1 - 1　本书研究思路

根据上述的研究分析架构，本书章节安排共分为七章，具体内容如下。

第一章为绪论。主要介绍研究背景和研究方法。

第二章为基本概念及理论综述。系统梳理了灾害社会工作以及跨部门合作的相关理论研究成果，以作为后续研究的理论背景和基础。

第三章为合作要素分析。主要分析是哪些关键性的要素促成了上海社工实务界、学术界以及政府（上海市民政局）三个不同领域的组织之间能够快速组建"上海社工灾后重建服务团"。

第四章为合作模式分析。主要分析"上海社工灾后重建服务团"的组织架构和运行机制。上述几家机构在人力资源、行政资源、物资资源等方面是通过怎样的方式进行合作与分享的？这样的合作方式能否实现真正意义上的政府与非营利组织间的"平等合作关系"？

第五章为合作成效分析。作为一支专业的灾后服务力量，"上海社工灾后重建服务团"开展了哪些服务？发挥了哪些功能？与"灾害社会工作"的专业要求相比，这些服务有哪些尚需提升和完善之处？

第六章为合作困境分析。分析了"上海社工灾后重建服务团"在运作过程中存在的矛盾和困境,以及最终导致"上海社工灾后重建服务团"在灾后六个月撤出灾区的主客观因素。

第七章为研究对策部分。基于前文对"上海社工灾后重建服务团"合作要素、合作模式、合作成效以及合作困境的分析基础,提出"灾害社会工作跨部门合作机制"的研究建议,以期为下一次灾害来临时不同社会工作组织之间的跨部门合作做准备。

三 研究创新与不足

(一) 研究创新

本书的创新点之一:将当下公共管理领域最热门的"跨部门合作"议题引入灾害社会工作的专业领域范畴,将合作关系的结构要素与过程要素进行探索性的整合,在清晰还原"上海社工灾后重建服务团"运作过程的基础上,建构出灾害社会工作跨部门合作的整体性研究架构,从而为灾害社会工作理论研究提供了一个与现实对话的沟通渠道。

创新点之二:社会工作在灾后服务中被赋予了重大的责任,但在责任背后,其所需具备的专业能力并非在灾难现场就能够临场发挥的,这需要通过长期的专业训练才能养成。本书并未仅仅停留在对具体案例的经验研究之上止步不前,而是在经验研究的基础上,提出"价值、知识与技术"三位一体的灾害社会工作专业能力建构模型,这对于目前提升中国灾害社会工作的专业能力具有一定的借鉴意义。

创新点之三:跨部门的多元主体合作是灾后救援的不二法则。"上海社工灾后重建服务团"是社工领域跨部门合作的宝贵尝试。这样的合作平台不应该随着灾害的远去而解散,反而更应该在灾难的平缓期得到强化与拓展。因此,在"预防胜于治疗"的现代灾难管理理论下,本书提出在社会工作专业内部合作层面,建立常态性"社会工作防救灾行动联盟";在政府与社会工作非营利组织的互动层面，通过合作理念、合作模式以及合作路径建构，建立融入政府灾难管理架构的跨部门合作机制。这样的研究建构，无论是对灾害社会工作的理论研究，还是对实务操作的防救灾体系规划，都有较大的借鉴意义。

（二）研究不足

跨部门合作的最终目的在于为受灾社区及居民提供有效的灾后重建服务。因此，合作效果的评估需要合作的参与者、服务的使用者——受灾社区及受灾居民的共同评价。此外，灾害社会工作的服务不是"有形产品"，而是"无形服务"，其服务效果在短时间内可能无法展现。因此，"上海社工灾后重建服务团"进驻都江堰过渡安置社区开展服务的效果如何，除了服务团成员的自我评估、同行评估（四支服务队之间）、上海市民政局与四支服务队之间的相互评估，以及当地组织评估（如都江堰安置社区管委会、都江堰民政局）之外，更需要安置社区居民的评估。这些曾经接受过社工服务的受灾居民的反馈和评价，将是评估灾害社会工作服务效果的重要参考依据。但遗憾的是，由于安置社区的居民在灾后两年到三年之内就陆续撤离了安置社区，搬进了永久性居住社区。在本书研究的过程中，较难找到当时曾经接受过社工服务的居民，无法充分获取来自受灾居民的第一手反馈资料，此为本书研究之遗憾。

四　研究方法

为了解"上海社工灾后重建服务团"在理论层面的运作逻辑及实际运作状况，本书采取了质化的文献回顾法、个案分析法以及深度访谈法等研究方法，归纳整理出相关结论。

（一）文献回顾法

本书的文献资料主要分为两个部分：初级资料及次级资料。

1. 初级资料

在全程参与"上海社工灾后重建服务团"团部工作的过程中，笔者详细收集了各服务队工作总结、《社工服务简报》、社工日志、团部阶段性工作报告和服务结束后的总报告等第一手宝贵资料。

2. 次级资料

本书参考的主要文献资料涵盖以下三个主题：第一，跨部门合作关系的理论研究；第二，以社会工作为主要专业背景的政府与非营利组织之间在灾难救援过程中的合作互动研究；第三，以灾害社会工作为主题的相关研究资料。

需要强调的是，在2008年"5·12汶川大地震"之前，内地专家、学者对灾害社会工作的研究可谓寥寥无几。此后，随着社会工作介入灾后救援工作的初步尝试和逐步深入，相关议题才逐步进入专家和学者的研究视野。但整体来说，中国灾害社会工作研究尚处于起步阶段，相关的研究积累较为有限。为弥补上述不足，笔者于2012年9—12月，前往中国台湾东吴大学社会工作系进行为期四个月的学术交流。在此期间，笔者参阅了中国台湾学者关于社会工作介入"9·21震灾"及"八八水灾"的期刊文献、博硕士学位论文、国科委研究计划（研究报告）及相关典藏资料等。这些宝贵的资料文献为本书探索灾害社会工作的跨部门合作机制议题提供了重要参考。

（二）个案分析法

个案分析的目的在于深入了解研究对象与相关变数之间的行为与状况，并以此为相关理论判断，提供充分依据与资讯。本书以"上海社工灾后重建服务团"为研究对象，通过清晰还原"上海社工灾后重建服务团"的运作路径与服务内容，探讨合作关系建立、合作互动模式、合作功能发挥、合作困境等议题，其目的不仅为理论与现实对话搭建了沟通渠道，更在于通过个案研究的相关资料，为"灾害社会工作跨部门合作机制"的建构提供现实依据。

（三）深入访谈法

在研究过程中，笔者先后拜访了上海市民政局相关行政官员、四支服务队领队及一线社工等直接参与者和间接服务者，与都江堰市社工协会的负责人及相关工作人员、中国香港无国界社工组织、中国台湾世界展望会中有丰富灾后救援经验的社工进行深入访谈。在访谈过程中，访谈问题及访谈顺序并未固定僵化，而是根据与被访问者的互动过程进行灵活调整，以尽可能真实、全面地了解不同层面的参与者的切实感受、想法与建议。

（四）参与观察法

因工作关系，笔者曾于 2008 年 6—12 月全程参与"上海社工灾后重建服务团"团部工作，并于 2008 年 10 月 5—25 日，以华东理工大学第六批服务队队员身份前往都江堰"勤俭人家"安置社区开展为期 20 天的直接服务。此外，作为服务团团部成员，笔者于 2008 年 11 月、2009 年 4 月等时间段多次前往都江堰开展"都江堰社区工作人员专题培训""都江堰社会工作职业资格考前培训"等间接服务。在此过程中，笔者作为服务团团部服务人员，能够直接了解和观察到"上海社工灾后重建服务团"内部的互动过程、不同组织之间的合作与冲突的角力。而短短 20 天的一线社工服务过程，笔者也亲身体会了在社会工作专业力量的带领下，受灾居民的变化与成长。作为直接的服务者，笔者在服务的过程中，因缺乏"灾害社会工作"知识技术储备以及缺乏服务资源而产生的无力感亦如影随形。以上这些因直接参与援助服务所获取的第一手资料，是本书分析论述的重要佐证。

第 二 章

理论探源

灾害管理、社会工作以及跨部门合作是贯穿本书的核心概念。本章将梳理、再现概念发展的路径轨迹，厘清、界定概念的内涵外延，并试图找寻、搭建出三者之间的内在关联。

第一节　灾害与灾害管理

作为一个日常用语，"灾害"（disaster）一词在中文语境中有"灾难""灾害"等不同翻译，但是都强调事件本身对人类社会所造成的损失和危害。从社会工作研究的角度，两者之间的意义是相同的，因此本书统一采用"灾害"一词展开论述。

一　社会科学视角的灾害内涵

"灾害"一词属于感受性的概念，通常着眼于现象突发与剧烈的一面，特别是由灾害所引发的物理损失或人身伤害。然而，由于现象本身所呈现的经验的多样性，以及使用场合与使用目的的差异而产生的定义分歧，人们对灾害的理解往往存在着意义上的混淆。虽然寻找并提出关于"灾害"的统一定义十分困难，但是它却是灾害研究领域最重要和最基础的概念。正如美国著名灾害社会科学研究者恩里克·克兰特利（Enrico L. Quarantelli）指出的，只有在我们澄清和获得关于灾害概念最基本的共识之后，才可以继续对灾害的特征及其结果等方面的研究。[①]

因此，在探讨灾害社会工作之前，我们有必要对"灾害"一词进行概念上的梳理。作为一门跨学科的整合性应用科学，灾害研究的学理根基依赖各个学科领域的知识来充实其研究内涵，并落实到实际的应对措施和相关的政策执行上。目前，灾害研究大致有三种不同的研究范畴[②]：第一种研究范畴是建立在自然科学知识的基础上，通过对气候变迁、地质结构变动等长期观察与追踪，以提供最新的灾难形势观察、灾难风险评估、灾难模拟以及灾难趋势分析与预测等；第二种研究范畴主要是从管理科学的角度出发，研究如何管理灾难，如何解决灾难所带来的各种社会问题、经济问题及挑战，这是管理科学视阈对灾难研究的主要关注点；第三种研究范畴是建立在社会科学的基础上，特别是从社会学和政治学角度进行的研究成果更为显著。其中，社会学式的灾害研究着眼于探索人类回应灾难的方式与集体行动逻辑。由于灾害的发生常常冲击当地的社会稳定秩序，从而挑战国家治理能力与国家统治的合理性，所以相较于社会学，政治学对于灾害的研究与讨论则更多涉及制度层面、权力层面，甚至国际层面。

在美国，恩里克·克兰特利于1963年在俄亥俄州立大学成立了世界上第一个社会科学领域的灾害研究机构——灾害研究中心（Disaster Research Center，以下简称DRC）。该中心侧重于对自然灾害、技术灾害以及广泛的社会危机提供针对群体、组织和社区应急准备、响应以及灾后重建的研究，提供可供实际应用的有效应急预案和减灾政策信息服务。本书将从社会科学的角度对灾害进行系统的梳理与分析。

---

① Enrico L. Quarantelli，"What is a Disaster？"*International Journal of Mass Emergencies and Disasters*，Vol. 13，No. 3，1995.

② 杨昊：《同舟如何共济：东协区域灾害合作的集体行动逻辑》，《台湾东南亚学刊》2010年第7期。

（一）经典的灾害定义

所谓社会科学视角，通常需要拉长时间轴来认识灾害，并把灾害放在"社会面"来分析灾害的成因和造成的影响，以此来掌握灾害的实质内涵。整体而言，社会科学界对于社会因素与灾害现象的关联性，恩里克·克兰特利归纳出灾害的两个典范性观点：灾害从本质上就是一个社会现象；其起因根植于社会结构与社会体系之中。

福瑞茨（C. E. Fritz）是美国灾害社会科学研究的先行者之一，他提出的灾害定义影响了后继研究者们关于灾害的思考和表达方式。福瑞茨认为，灾害是一个具有时间和空间特征的事件，这些事件会对社会及其他次级单元造成冲击，从而造成社会结构失序、社会成员基本生存支持系统的功能中断，而受到冲击的社会单元也会产生反应或调整。① 目前，对灾害的定义虽然不胜枚举，但大致都脱离不了福瑞茨上述定义中的四个核心要素——事件、社会单元、冲击、反应。

加里·克雷普斯（Gary Kreps）认为，灾害是可以在时间和空间中被观察到的事件，社会或其较大的次级单元在这些事件中会遭遇到物理损失以及日常功能的瓦解；而这些事件的原因和结果都与社会结构有关，也都与社会或其次级单元的过程有关。② 换言之，灾害不只是一个社会现象，还是一个社会过程，而且是比表面现象更为漫长的一个时间历程，这个过程所包含的时间历程不仅在于事件爆发的一瞬间，更包括了社会在遭受灾害之前的长期的社会、文化、历史等背景因素的累积效果，以及灾后漫长的复原过程中所涉及的一切变项。

如前所述，美国特拉华大学灾害研究中心致力于灾害中社会个体、群体的心理与行为变化的研究，使用"紧急规范"来表述人们

---

① Fritz, C. E. "Disasters", in R. K. Merton, R. A. Nisbet (eds.), *Contemporary Social Problems*, New York: Harcourt, Brace & World, 1961, pp. 651 – 694.

② Kreps, G. A., "Sociological Inquiry and Disaster Research", *Annual Review of sociology*, Vol. 10, 1984.

在灾害发生后的行为变化，并逐渐衍生出了"一致型危机"（con-sensus types of crises）和"分歧型危机"（dissensus types of cri-ses）。①"一致型危机"是指在危机过程中，当事各方对局势含义的理解、对当下适合采取并当优先采取的规范与价值等具有认识上的一致性；"分歧型危机"则指危机中的当事各方对于局势、后果与解决方法的认识往往形成鲜明的反差。在"一致型危机"中，因为社会成员共同感受到外力的威胁，而且面对立即需要解决的诸多问题，灾民对灾难的解释以及救灾目标有很高的一致性，所以，受灾成员容易产生利他主义行为，公民角色得以深化，社区认同感增强。反之，在"分歧型危机"中，当事各方对灾难的解释和认识存在差异，往往更容易产生冲突和矛盾。

从社会学角度来认识灾害，注重的不仅是"物理损失"的部分，更重要的是"日常功能的瓦解"。与日常紧急事件或一般意外事件相比，灾害造成的冲击瓦解了社会系统原有的反应机制与社会功能，迫使人们采取不同于以往的方式来处理这些特殊的紧急事件。

（二）脆弱性视角的灾害认知

脆弱性视角的灾害认知，从以结果为导向的灾害认知转向了致灾因子的社会考察。

吉尔伯特·克劳德（Gilbert Claude）所称的"脆弱性范式"（vulnerability paradigm），不再将灾害过程视为行动者对灾害简单的回应，而是将灾害理解为一个社会结果，其发生的原因必须从受灾社会的内部去寻找。脆弱性视角的灾害解释，因其具有整合性、全面性的特点，而成为当前美国灾害社会科学研究领域的热门概念。②"脆弱性范式"包含两个相对的概念：脆弱性和复原力。

① Quarantelli, E. L. & R. R. Dynes, "Response to Social Crissis and Disaster", *Annual Review of Sociology*, Vol. 3, 1977.

② Gilbert Claude, "Studying Disaster: Changes in the Main Conceptual Tools", in E. L. Quarantelli (ed.), *What Is Disaster?: Perspectives on the Question*, London and New York: Routledge, 1998.

　　脆弱性是指导致灾害或危机出现的自然因素和社会因素，这些因素不仅仅局限于与贫困相关的群体脆弱性，同时，更与社会、经济、政治、技术、地理位置等结构性因素有关。这意味着对于灾害发生的原因与背景，有必要从时间连贯性的角度来追述，因为正是潜藏在社会文化系统中的灾难诱发因子构成了灾难发生的长期社会历史脉络。换言之，无论是灾害的前因或后果，都要从社会脉络中去寻找，因为"一个具有灾害倾向的社会文化系统会产生持续性的灾害，这种灾害并不是在有限的时间内发生，也不会在有限的时间内得到复原，而是被嵌入在一个地区的文化之中，并成为其重要部分，最终导致以物理事件为形式的灾害发生"[①]。

　　2005 年世界减灾大会之后，"复原力取向"成为现代灾害风险防控的关注焦点。灾害研究的重心已经从关注伤亡损失或弱势需求转变为灾后复原或灾后成长，而全球防灾工作的重心越来越多地关注受灾社区在灾害发生后不依靠或少依靠外部援助而反弹或恢复的能力。"灾害复原力"作为从重大创伤中恢复并变得更加强大和善于利用资源的能力系统，它包括以下三个层面的内涵：维持或恢复灾害前的功能的程度；展现出良好的适应能力；转化并提升幸存者的功能的程度，即灾后成长。[②] 引入复原力概念的灾难工作模式启发了持续去探索最适合的灾难危机降低的工作模式架构。这种模式架构的核心是将干预工作的重点放在增强本地知识和加强现有能力上，而非仅仅局限于灾后需求满足和弱势回应。[③]

　　（三）社会工作视野中的灾害、脆弱性及灾害管理

　　社会工作研究人员主要是通过社会功能瓦解和集体压力来定义

---

　　① Rocco. Caporale, "The May 1998 Landslides in the Sarno Area in Southern Italy: Rethinking Disaster Theory", *Quick Response Report*, Vol. 131, 2000. Boulder, Colorado: Natural Hazards Research and Applications Information Center, Institute of Behavioral Science, University of Colorado. http://www. colorado. edu/hazards/research/qr/qr131/qr131. html.

　　② Douglas Paton, Leigh Smith, John Violanti, "Disasters Response: Risk, Vulnerabilities and Resilience", *Disaster Prevention and Management*, Vol. 9, No. 3, 2000.

　　③ Manyena, S. B., "The Concept of Resilience Revisited", *Disaster*, Vol. 30, No. 4, 2006.

灾害的。在这种集体压力的情境中，许多个体无法通过社会性的方式或途径来满足他们的需求。因此，将弱势人群和服务系统连接起来，将服务系统与服务系统连接起来，使人们能够更加方便地得到资源，这一点对于灾害社会工作服务来说特别重要。

社会工作界定的脆弱性涉及个体和社区两个层面。个体的脆弱性与贫穷、社会隔离等社会结构性因素有着密切的关系。贫穷和缺乏家庭财富意味着个体不太可能从灾害所造成的物质和身体的影响中恢复。与邻居、亲属以及正式的组织的社会隔离，则意味着个体和家庭将无法动用社会资本进行灾后恢复；在社区层面，社区人口、历史、文化和经济特征等因素也直接影响着灾后社区的恢复与发展。地方政府的运作水平、地区人口贫困率等因素都与社区的脆弱性水平相关。

灾害社会工作研究中的危机管理主要是指对灾害社会服务系统的管理。从社会工作的视角来看，危机管理的主要目标是将不同的组织机构代表和社区领袖纳入整个灾害计划中。在危机管理规划的过程中，参加者不仅包括管理者、专家，还应包括那些为弱势群体（如儿童、单亲家庭、低收入人士和少数族裔人士等）服务的非正式组织机构的代表以及弱势人群代表。[1]

综合上述研究，本书把灾害界定为灾害是足以造成特定社会系统和物理环境损失、社会日常功能丧失的冲击性事件，其发生的根源与既存的社会系统有关，其产生的后果是受灾社会系统持续发展过程的一部分。

二 灾害管理

中国台湾学者丘昌泰在其《灾难管理学：地震篇》中将"灾害管理"定义为对自然和人为灾害进行预防、准备、因应与恢复的

---

① Harrell, E. B. & Michael J. Zakour, "Including Informal Organizations in Disaster Planning: Development of a Range-of-Type Measure", *Tulane Studies in Social Welfare*, Vol. 21/22, 2000.

管理程序与方法。灾害管理是紧急状态下的特殊的管理形态。与一般的行政管理相比，灾害管理具有更加高度的危机意识、灵活的危机组织与弹性的危机处理流程。[①]

恩里克·克兰特利提出了两种不同形态的"灾害管理"研究途径。第一种是"特定灾害途径"（hazard-specific approach），这是一种历史比较悠久的研究取向，即每一种灾难既然都有其特定形成的背景因素，那么，应对的策略与预防的策略也就相应会有不同；第二种是"普遍灾害途径"（all-hazard approach），即不论是自然灾害还是人为科技灾害，虽然其在发生原因、形成背景上有所不同，但是基本的应对阶段和回应程序应该是相同的，都包括灾害预防、灾害准备、灾害应对和灾害恢复阶段。[②]

目前，"普遍灾害途径"的研究取向越来越得到青睐。这主要有以下几点原因：第一，从理论上讲，人为与自然灾害的区别不在于灾害性质本身，而在于社会对灾害事件的反应与认识；第二，从发展经验上来讲，灾害的社会行动特点不因灾害性质的不同而有所差异；第三，从灾害管理的效益来讲，采取整合性的灾害管理途径，在时间、财力、努力程度与其他资源上都相对具有成本效益；第四，从政治可行性方面而言，普遍灾害途径比较能够动员更广泛的支援团体，为灾害疏解过程创造更有利的全面性支持过程；第五，从资源有效利用的方面而言，普遍灾害途径可以避免灾害准备与回应行动的重复、冲突与代沟；第六，从组织效能方面而言，普遍灾害途径可以用更有效率与效果的方式面对灾害的特殊情境。

经常被用来理解灾害管理过程的模型是美国联邦应急管理局（FEMA）提出的紧急事件管理四阶段模型。[③] 该模型将灾害管理分

---

① 丘昌泰：《灾难管理学：地震篇》，台湾元照出版公司 2000 年版，第 3—4 页。

② Quarantelli, E. L., "Disaster Response: Generic or Agent-Specific?" in Kreimer and Munasinghe (eds), *Managing Natural Disaster and the Environment*, Word Bank Press, 1991, pp. 97 – 105.

③ Federal Emergency Management Agency, "A Comprehensive Emergency Management Training and Education System", 1979. http://usasearch.fema.gov/search? utf8 = √ &sc = 0&query = A + Comprehensive + Emergency + Management + 1979&m = &affiliate = fema&commit = Search.

为四个阶段（如图 2 - 1 所示）：减灾阶段、准备阶段、应变阶段、恢复重建阶段。

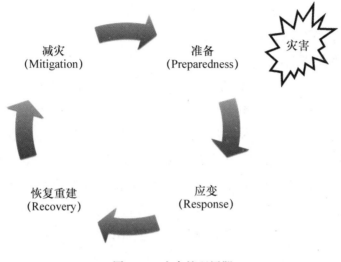

减灾
(Mitigation)

准备
(Preparedness)

灾害

应变
(Response)

恢复重建
(Recovery)

图 2 - 1　灾害管理周期

1. 减灾阶段

主要任务是对未来可能发生的灾害进行勘测并加以预防。通过结构性政策和非结构性政策的规划与执行，设法控制和减少灾害的发生及其造成的损害。2009 年，FEMA 更是将减灾阶段细分为降低风险期和预防期。此阶段的任务执行包括重新安置灾民到安全区、强化法规、开展减少灾民损失的各项组织资源，即相关教育等。

2. 准备阶段

当减灾期的工作并不能阻止或减少灾害时，进入准备期就需要发展面对灾害的应对能力，目的在于将灾害可能造成的损失降到最低。这个阶段的工作包括通过训练、演习、技术以及救灾物资协调等措施，加强和提高居民、社区、各级政府、灾害救援专职人员等有关组织和人员的灾害应对和复原能力。

3. 应变阶段

当灾害发生时，即进入紧急应对和救援阶段。这个阶段的具体任务为搜救行动、紧急避难、疏散、道路清除、食物和避难所的供应、医疗照顾、危机咨询与处理等。另外，减少二度伤害和加快复原也是这个阶段的重要任务。

4. 恢复重建阶段

为了让灾区社会恢复正常运作的状态，恢复重建阶段的任务包括短期安置阶段任务与长期重建阶段任务。短期安置阶段的任务以解决受灾居民日常生活困难为主，包括清理、临时住所、恢复医院、学校、社区等公共服务体系，以及其他日常生活所需要的服务等；长期重建阶段的任务以社区基本结构的恢复和建设为主，包括心理及家庭重建、社区生活重建、经济产业恢复重建等。因此，重建阶段有可能会持续好几年。

FEMA 的灾害管理四阶段理论虽然经常被研究者和决策者所引用，不过特别需要强调以下两点：第一，这四个阶段虽然环环相扣成为一个循环周期，但是这四个阶段之间并没有一个明显的界限，这四个阶段有可能会出现交互重叠的情形，例如，减灾阶段和准备阶段经常会同时进行，这两个阶段的部分工作任务也属于长期恢复阶段工作的一部分；第二，FEMA 灾害管理四阶段模型的着眼点在于灾害的预防与应对，包含了一套紧急事件管理的标准操作程序，是管理取向的模型。如果研究者单一地使用这一模型来理解灾难，很容易忽略灾害发生的社会历史文化背景，极有可能局限了思考的深度和广度。

因此，一个理想的灾害管理体系必须具备以下特点：其一，灾害管理是一个持续不断的循环过程。即灾害的预防、准备、应对和恢复阶段是循环不息的过程，没有开始，亦无结束；其二，灾害管理是一个重视过去、把握现在、面对未来的过程。灾害管理政策的制定和执行不能仅仅着眼于当前即将发生或已经发生的灾难，而必须吸取过去所有重大灾难的教训，以应对未来可能发生的灾难；其三，灾害管理强调沟通，重视资源信息共享。灾害管理体系运作成功的关键，在于资讯的沟通与顺畅无阻；其四，灾害管理是讲求科学、重视效率的系统过程。灾害管理必须讲求科学的方法，以效率为管理原则；其五，灾害管理是主张协同合作的过程。灾害管理体系必须将政府与民间资源整合起来，形成团结协作的公私合作伙伴关系；其六，灾害管理是公民参与、全民关怀的过程。灾害不会选择性地发生在某些特定人群的身上，因此灾害管理不单是政府的责任，还必须让所有的民众都熟知灾害管理系统的存在，从而使灾害管理的运作得到全民的支持；其七，灾害管理体系是"防患于未然"的前瞻过程，而非"救灾于已然"的补救过程。因此，灾害管理体系要做好灾前的预防与准备工作，同时，为了预测管理体系运作的顺畅性，必须不定期地实习演练。[①]

此外，中国台湾学者詹中原在《危机管理——理论架构》一书中也写到，一个动态的灾害反应系统应该包含以下要素：第一，组织——公部门、私部门以及第三部门（非营利组织），分别具有不同的权威、技术、知识、资源及能力，彼此应该根据灾难的情形而产生合作互动；第二，关系机制——灾难反应系统包含有一组协调地方、中央及国际的关系，以满足灾区的需求；第三，沟通系统——精密设计的沟通与资讯系统，使灾区涉及的各种组织可以按其责任及能力参与救灾反应任务；第四，灾难反应系统的沟通过程的有效性，取决于参与者对资讯及时、正确及效度的掌握；第五，灾难救援行动——以建构资讯和沟通过程为基础的灾难救援行动，具有创立和维持灾难反应系统的功能；第六，沟通和资讯的互动过程将产生个人及组织持续学习及行动的过程。这种学习及行动足以支援和管理灾难反应行动。[②]

---

① 丘昌泰：《灾难管理学：地震篇》，台湾元照出版公司2000年版，第13—14页。
② 詹中原：《危机管理——理论架构》，台湾联经出版事业股份有限公司2004年版，第35页。

第二节　灾害社会工作

　　社会工作作为一门助人的专业，长期以来，都有介入灾难管理的经验。虽然社会工作始终在灾害救助中发挥着重要的作用，但是无论是专业内部还是专业外部，却都很少承认这一点。本节重点梳理国际灾害社会工作的发展历程、关注核心以及角色功能，以期为中国社会工作介入灾后服务提供参考与借鉴。

一　灾害社会工作的内涵

　　社会工作对灾害的研究和服务介入促进了灾害社会工作目标的形成，这些目标包括为那些处境不利和容易受到伤害的人群提供所需的资源；预防严重的身心伤害后果；将个人与资源系统连接起来；将不同的资源系统连接起来，使他们更容易被受灾人群所获得；改变微观和宏观系统，从而促进受灾群众福利的改善。其中，资源体系的开发与连接以及对弱势人群的关怀是灾害社会工作最被期待的两大任务。[①] 灾害社会工作关注的核心包括以下几方面。

　　1. 对弱势人群的关怀

　　在灾害服务中，社会工作特别关注那些处于不利环境和容易受到灾害影响的弱势人群，如老年人、小孩、残疾人、少数民族人群、受教育程度低的人群。特别是那些低收入人群，由于他们获得救灾信息的渠道短缺，较不容易接近救灾资源，本身也较少参加救灾组织，居住地离救灾资源集中的地区较远，比较容易被救灾组织遗忘，以及社会支持网络脆弱等，这类人群更容易受到灾害的侵袭，而且灾害应对、灾后恢复的能力也比较弱。因此，对弱势人群的关怀成为灾害社会工作最被期待的任务之一。

---

　　① Zakour, M. J., "Disaster Research in Social Work", *Journal of Social Service Research*, Vol. 22, No. 1/2, 1996.

2. 资源的开发与连接

如前所述，在灾害中越是脆弱的群体，越是较少得到减灾项目的保护，得到灾害救助资源的机会也就越少。因此，社会工作通过增强人们与资源系统的连接，以及不同资源系统之间的连接，来努力促使人们更容易得到资源和服务。社会工作积极扮演着资源连接者的角色，尽力将最宝贵的资源连接给最有需要的人群，以维护社会公平，这就需要社会工作者践行各种实践方法，包括个案管理、个案发现、转介、倡导、经纪人和信息传递等，以此来促进灾害服务的可获得性。

3. 预防

预防是社会工作专业使命的重要组成部分。灾害社会工作特别强调对个人和群体在物理与社会环境方面进行干预，以此作为预防灾后长期存在的严重社会、心理和身体健康问题的手段之一。社会工作者通过修复和重建社会支持网络，帮助个人、家庭和社区进行恢复，避免长期的心理和社会问题。此外，个体或家庭功能的恢复，依赖住房和其他的基础设施在内的物理环境的重建。因此，帮助人们获得房屋重建方面的援助、获得日常生活物资损失的替代品，也是灾害社会工作的重要部分。

4. 不同层面的社会问题

灾害社会工作也关注对个人、家庭、群体、组织、社区和社会不同层面的社会问题的干预和分析。社会工作对个人和家庭层面的干预，可以有效地帮助人们恢复到灾前的社会和心理功能水平；对团体、组织、服务传递系统的协调介入，则可以提高灾害相关组织网络之间的协调和效率；社区层面的服务旨在了解社区的地理位置、人口状况、组织结构、社区参与、经济发展以及文化习俗等因素对于灾后社区发展的影响。

二　灾害社会工作发展历程

从历史上看，灾害社会工作最早起源于美国的内战时期。社会

工作者在美国退伍老兵中心帮助士兵处理因战争而造成的身心创
伤。此后，慈善组织会社在 1871 年的芝加哥大火、1906 年的旧金
山地震及大火中也提供过危机救助服务。这些早期的服务标志着社
会工作作为一门助人的专业，长期以来都有介入灾难管理的经验。
虽然社会工作始终在灾害救助中发挥着重要的作用，但是无论是专
业内部还是专业外部，却都很少承认这一点。①

　　20 世纪 80 年代，受全世界范围灾害研究快速发展的影响，灾
害社会工作在灾害社会学、灾害心理学、组织社会学等研究语境下
得到了发展。这个时期，社会工作对灾害的研究较多地集中在个体
或群体对于灾害创伤经历的回应上，特别关注那些处于不利环境以
及容易受到灾害影响的弱势人群，诸如老年人、儿童、低收入家
庭、种族群体、无家可归人群等。在实务领域，受心理学影响，社
会工作介入灾害救助主要集中在提供身体和心理健康服务方面，社
会工作者通过采用心理精神工作方法进行干预，以缓解灾害幸存者
经常发生的负面情绪和创伤压力反应。②

　　20 世纪 90 年代以后，随着社会工作介入灾后救援服务的不断
深入以及相关理论研究的逐步呈现，"灾害社会工作"在社会工作
理论界和实务界得到了认可和承认。美国社会工作教育协会（the
Council of Social Work Education，以下简称 CSWE）于 1995 年的年
会中首次加入了"灾变事件与创伤压力"的会议主题，显示社工教
育的内涵应该包括灾变事件的行动与创伤压力的回应等议题；而美
国社会工作专业人员协会（the National Association of Social Work-
ers，以下简称 NASW）于 1996 年的社会工作实务领域中加入了
"灾害社会工作"。这个阶段，除了为受灾个体或群体提供身心健康
服务之外，社会工作者也更多地关注组织和社区对于灾害的回应，

　　① Siporin, M., "Disasters and disaster aid", In A. Minahan (ed.), *Encyclopedia of social work*
(18th ed.), Silver Spring, MD: National Association of Social Workers, 1987, pp. 438 – 449.

　　② Streeter, Calvin L. & Susan A. Murty, "Introduction", *Journal of Social Service Research*,
Vol. 22, No. 1 – 2, 1996.

特别强调各类资源系统网络或组织关系网络的协调沟通与协同合作。2007 年，美国社会工作教育协会提出"灾难管理与社会工作"的新课程，供各社会工作学院参考。近几年来，除了关注传统的议题之外，社会工作研究者逐渐开始关注长期以来一直被忽略的灾后社区发展领域。

关于社会工作介入灾难救援的研究议题，《社会服务研究》杂志曾做过三次专辑：第一次是在 1996 年，重点在于检视灾难与创伤压力的影响及评估服务成效的研究方法论；第二次是在 2003 年，进一步检视跨国救灾经验，借此提醒跨文化的救灾经验中的灾难复原与创伤压力服务；第三次是在 2008 年，主要针对灾难社会服务中，以社会工作为核心的灾后个人服务、灾后社区服务的路径模型、方法导引等。

华人社会中，中国台湾的灾害社会工作可以说是在 1999 年"9·21地震"之后才引起社工界注意的，相关研究议题才被纷纷提出。中国台湾学者彭怀真将"9·21"震灾研究中与社会工作有密切关系的相关研究议题归纳为以下几个方面：资源网络、地方政府赈灾组织、民间组织、原住民部落重建与需求、灾后生活重建需求、福利服务机构、家庭支援中心与福利社区化、社会工作者的灾变服务角色、赈灾捐款、福利服务输送模式、社区福利服务工作站、社区家庭支持中心灾后重建工作、非营利组织参与灾后社区总体营造等研究。① 十年之后，"八八水灾"（2009 年莫拉克风灾所造成的"八八水灾"）可以说是对这十年来中国台湾灾害社会工作发展的一个检验，学术界和实务界开展了新一轮有关灾难社会工作相关议题的大规模讨论和探索。《社区发展季刊》2010 年第 131 期围绕"灾害社会工作"的主题做了专辑，主题包括社会工作者在灾害服务中的角色与任务、灾难管理与社会工作、社会工作非营利组织机构研究，以及社会工作者实践后的反

---

① 彭怀真：《重大灾情对社会工作教育的影响》，《社区发展季刊》2003 年第 104 期。

思与探索等。其间，大学院校及研究所纷纷开设"灾害社会工作"研究课程，而政府部门在相关政策性文件中也进一步明确规定了灾害社会工作的地位与作用。

整合以上资料，笔者将国际灾害社会工作研究议题分为以下几类进行论述。

（一）创伤压力干预服务

受心理学的影响，社会工作最早介入灾害救助主要集中于提供身体和心理健康服务，以缓解受灾人员以及救灾人员经常发生的负面情绪和身心反应。遭受巨大灾难创伤后，受灾的个人、家庭、组织、社区会出现脆弱状态，伤痛、恐惧、绝望、内疚、愤怒等负面情绪以及失眠等生理退化现象常常出现。因此社会工作者在第一时间提供情感支持、情绪抚慰，是社会工作介入灾难服务不可忽视的重要任务。

在缓解创伤压力的干预方法中，"创伤事件压力解说"（Critical Incident Stress Debriefing，以下简称 CISD）受到了社会工作研究的关注。杰夫瑞·米切尔（Jeffrey T. Mitchell）最先将 CISD 方法运用在灾害和其他危机中。创伤事件压力解说鼓励参与者根据事实叙述他们的创伤经验，运用主流的社会工作小组方法帮助受灾者释放他们的情绪反应。强调社区社会支持以及社会关系网络的建构和链接，以防止灾民出现严重的创伤后应激障碍。此外，受灾者在回顾所发生的事情的过程中，社会工作者应该对受灾者的认知、情绪和身体反应有所了解。[①] 许多国际救援经验证明社会工作者在提供心理支持的同时，需防止将创伤情绪个人化或心理学化，而通过建立正式和非正式的社区互助组织达到心理支持的效果会更佳。迈克尔·扎克尔（Michael J. Zakour）也建议社会工作在采用应急辅导方法时，更需要通过建构或修复社会支持网络之间的链接，帮助个

---

① Jeffrey T. Mitchell, "When Disaster Strikes: The Critical Incident Stress Debriefing Process", *Journal of Emergency Medical Services*, Vol. 8, No. 1, 1983.

人、家庭和社区进行恢复，以防止灾民出现严重的创伤后应激障碍，避免长期的心理问题和社会问题。中国台湾学者王增勇倡导社区心理支持应该从社区层面疏导个人情绪，关注社区支持网络的重建，从多个层面支持灾区民众的心理重建。

1993 年，美国圣路易市的密苏里河水灾后，社会工作者与心理学家、精神科医师、护理师、治疗师等专业人员组成救灾服务团队，提供灾后社区心理卫生危机干预与后续服务，并发展出综合性社区灾难救援的危机介入方案，即有名的社区教育、支持与训练资源方案（Community Resources for Education, Support, and Training, 以下简称 CREST）。CREST 的目的在于通过在灾后社区内配备社区资源来提供最基本的危机干预和精神舒缓服务，从而使社区内的精神健康服务资源最大化。①

戴博拉·帕吉特（Deborah K. Padgett）对“9·11”灾难之后的社会工作服务进行了研究，她发现“9·11”灾难后，大多数幸存者及其家属并不愿意接受美国红十字会派出的训练有素的辅导员提供的单个的心理健康辅导，相反，他们更愿意依靠也有能力依靠家庭、朋友、同事和社区邻里等非正式的社会支持网络来获得帮助。必要时，他们甚至可以搭建新的社会支持网络——如社区居民即兴形成的邻里协会，以相互寻找安慰，共同分享感受，从而缓解灾难所造成的心理阴影。帕吉特认为这种状况恰恰印证了再好的专业技术支持、再善意和保密的专业服务，都会涉及不对称的关系，并可能存在潜在的耻辱。② 在这种情况下，最有效的社会工作服务是以社区为基础，帮助幸存者和他们的家庭重新进行社会支持网络的链接，并向灾害救援的官僚机构倡导他们的主张。

---

① North, Carol S. & Barry A. Hong, "Project Crest: a new model for mental health intervention after a community disaster", *American Journal of Public Health*, Vol. 90, No. 7, 2000.

② Deborah K. Padgett, "Social Work Research on Disasters in the Aftermath of the September 11 Tragedy: Reflections from New York City", *Social Work Research*, Vol. 26, No. 3, 2002.

（二）脆弱人口群服务研究

自 20 世纪 80 年代以来，社会工作关于灾害对弱势人群影响的研究不断增加，这些研究主要集中在老年人、儿童、家庭和种族群体等领域。其中，儿童更是需要特别被关注的人群。社会工作研究之所以聚焦于儿童，是因为他们更容易面临各种环境压力源，而且如果得不到及时治疗，儿童更可能产生长期的问题。拉里·德拉姆和约翰·斯特雷奇（Larry Drumm & John Stretch）对 1993 年受洪水严重影响的 17 所学校的 3876 名儿童和青少年进行了研究，以评估洪水灾难带来的长期影响以及可能出现的创伤后应激障碍。研究结果发现，大约有 9% 的儿童因为洪水影响需要后续的心理社会干预。[①]

1999 年 9 月 21 日，中国台湾发生 7.3 级大地震，共造成 2400 余人死亡，134 名儿童失去了父母。这些失依儿童除了备受各界关注之外，同时也是中国台湾当局提供儿童福利服务的重要案主群。中国台湾儿童服务联盟发展出"九二一震灾失依儿童少年整合性服务方案"；一些研究人员从照顾者的角度探讨了"九二一失依儿童"的照顾历程，他们以儿童联盟社工员为例，分析了社工员在震后孤儿服务过程中所扮演的角色，包括咨询者、个案管理者、使能者、教育者、咨商辅导者、倡导者、活动式百宝箱、公共部门的传声筒及政府的监督者等角色。社工员发挥着情感支持、长期陪伴、强化家庭系统、资源开发和连接、提供资讯、亲职教育、增权、消除冲突、舒缓压力等服务功能，并强调灾害社会工作者需要长期、持续地投入，才有可能促成受灾人员系统的改变。[②]

基于社会生态学理论和交换理论，扎克尔（Zakour）运用社会

---

① Larry Drumm & John Stretch, "Identifying and Helping Long Term Child and Adolescent Disaster Victims: Model and Method", *Journal of Social Service Research*, Vol. 30, No. 2, 2003.

② 李宏文:《灾变后期社会工作者介入九二一失依儿少个案之服务角色与功能——以儿福联盟社工员为例》,《儿童福利期刊》2003 年第 4 期。

地理学、网络分析、灾害社会学的方法研究发现，脆弱人群（包括非裔美国人、75 岁以上老人、带有幼小子女的女性户主家庭等）在获得救济服务资源方面显得非常匮乏。造成这种社会服务不公平的原因包括以下几方面：这些人群所居住的地区具有较高的灾害脆弱性；这些地区提供服务的社会组织数量较少；这些社区组织的能力和网络互动较弱；地理位置的障碍减缓了资源的再分配。因此，对于社会工作者来说，要为上述的脆弱人群提供灾害服务，需要一些特殊的策略。首先，对于机构负责人来说，要运用网络和地理分析法来检查紧急服务组织的分布，以此来确保脆弱人群能够获得足够的服务；其次，对于组织来说，要扩大他们服务传递的地理范围，并增加服务的渠道和不同组织间网络的协调；再次，要通过不断的培训，特别是对志愿者的培训，来增加社会机构的灾害服务能力；最后，对于那些位于服务水平薄弱地区又有意愿提供危机服务的较小的社区组织来说，应该将其纳入正式的救灾规划中。社会工作者和组织的领导人可以通过促进社区组织机构之间形成伙伴关系以及教育培训等方式来实现上述目标。[1]

此外，还有学者对 1992 年 8 月安德鲁飓风对南佛罗里达州造成重创 14 个月后仍有许多无家可归者流落街头的现象进行了社会行动研究[2]；对 1994 年 1 月加州北岭地震后拉丁美洲裔灾民的需求未被满足的状况进行了研究。[3] 以上这些都是典型的把触角伸向弱势人群的研究范例。

（三）组织关系网络研究

如果说 20 世纪 80 年代，社会工作对灾害的研究较多地集中在个体或群体对于灾害创伤经历的回应上，那么到了 20 世纪 90 年

---

[1]　Zakour, M. J. & E. B. Harrell, "Access to Disaster Services: Social Work Interventions for Vulnerable Populations", *Journal of Social Service Research*, Vol. 30, No. 2, 2003.

[2]　Cherry, A. L. & M. E. Cherry, "Research as Social Action in the Aftermath of Hurricane Andrew", *Journal of Social Service Research*, Vol. 22, No. 1 – 2, 1996.

[3]　Bolin, R. & L. Stanford, "The Northridge Earthquake: Community-based Approaches to Unmet Recovery Needs", *Disaster*, Vol. 22, No. 1, 1998.

代，社会工作更多地关注组织和社区对于灾害的回应。组织关系网络研究之所以成为国际灾害社会工作研究的重要议题，是因为研究者发现，每一种类型的社会组织，包括小型的、非正式的组织，在灾害期间拥有本质不同的资源，所以将不同类型的组织连接起来，可以转化、整合成不同类型的资源，从而满足灾民的不同需求。而且组织网络之间的协调可以有效提高灾害服务系统的传递效率，避免灾害救援资源的浪费、重叠或空缺。因此，组织类型、组织存量、组织服务范围，特别是组织关系网络建构以及组织网络之间的协调，更是灾害社会工作研究的关注重点。

大卫·吉莱斯皮（David F. Gillespie）等学者运用网络分析法研究了灾后服务传输系统中存在的断裂。在灾后服务传递过程中，当必要的服务只是由孤立的机构或灾害服务系统外围的组织提供时，服务网络系统中就一定存在裂缝，而这些裂缝的存在又阻碍了服务传输网络在灾后的有效运作。因此，通过网络分析法来确定灾害服务系统中的裂缝，可以改善各类服务网络之间的规划和协调。①而组织关系的理论路径模型认为，地理距离对合作关系有着直接的影响且呈负相关的关系。然而，在决定志愿者组织之间的合作关系上，组织变量，包括组织中志愿者的比例、组织的类型（是社会服务还是危机管理）、服务传递的地域范围、对志愿者的不同回报方式等，都比地理距离更具影响力。除了组织类型之外，所有这些组织变量与合作关系之间呈积极的正相关关系。学者伊夫林·哈勒尔和迈克尔·扎克尔（Evelyn B. Harrell & Michael J. Zakour）在2000年的研究中指出，将政府与非营利部门连接起来的优势在于将政府机构重要的资源与当地的非营利组织的社会需要整合起来，提高非营利组织在地理位置偏僻的社区提供服务的活动能力，以及使政府提供服务的效率更大化，让社区中的非营利组织和他们的居民更容

---

① David F. Gillesple. & S. A. Murty, "Cracks in a postdisaster service delivery network", *American Journal of Community Psychology*, Vol. 22, No. 5, 1994.

易获得这些服务。①

此外，中国台湾学者冯燕、黄琼亿整理分析了从 1999 年"9·21 地震"后，中国台湾非营利组织界组成的"台湾民间灾后捐款监督及服务协调联盟"，到 2008 年四川"5·12 汶川大地震"之后的"5·12 川震台湾服务联盟"，以及 2009 年莫拉克风灾之后的"88 水灾服务联盟"这三次大灾变后，民间非营利组织的集体应变经验，并借鉴美国自愿组织灾难行动联盟（National Voluntary Organizations Active in Disaster，以下简称 NVOAD）所倡导和推行的整合型灾难应变与管理机制，提出面对重大灾难，这些临时性的联盟虽然可以带来弹性的资源整合，进行中短期的救援重建，但是这些组织面临许多整体重建合作上的困境，降低了整体救灾重建的效率。因此，建立常态性、融入灾难管理架构的非营利组织救灾重建联盟，让民间组织可以找到彼此合作的基础，强化沟通与合作，才能更有效地回应重大灾难带来的挑战。

（四）灾后社区发展研究

近几年来，灾害社会工作逐渐开始关注长期以来一直被忽略的灾后社区发展领域。社会工作之所以对灾后社区发展关注较少，这主要有以下几方面的原因：第一，社会工作历来只是重点关注微观层面的个人问题，很少关注或解决涉及住房政策、城市规划和经济发展等宏观议题的社区组织问题；第二，社会工作教育在很大程度上集中于传统的人类行为理论、心理健康和组织管理。较少关注社区及社区需求、政策宣传、建立基层组织所必需的社区工作的方法技巧；第三，社区组织涉及动员被压迫群体行动起来，培养、发展本土的领导者等，这需要社会工作者具有将自己"置身度外"的魄力。此外，涉及组织受压迫群体发展议题的社区组织项目是很难找到资金支持的。

---

① Evelyn B. Harrell & Michael J. Zakour, "Including Informal Organizations in Disaster Planning: Development of a Range-of-Type Measure", *Tulane Studies in Social Welfare*, Vol. 21 – 22, 2000.

洛蕾塔·派尔斯（Loretta Pyles）以 2005 年 8 月"卡特里娜飓风"后的新奥尔良社区动员为分析样本，研究发现，与非灾难情况下的社区动员相比，灾害后的社区动员有其有利的因素：其一，动员个人需要刺激性的事件，对于那些灾后陷入困境的人们来说，通过开启美好社区重建计划，就是一个很好的刺激性事件；其二，灾后社区居民对于外来专业人员或专业组织所提供的服务和资源，普遍持接纳和开放的态度，因此也更容易开展社区组织和动员行动。然而，"卡特里娜飓风"后的新奥尔良地区的社区组织和社区活动虽然非常活跃，但是这些工作大多数是由专业的组织者和社会发展专家在做，社会工作者参与其中的工作却非常少。洛蕾塔·派尔斯认为，在灾后服务中，社会工作往往把重点放在了提高心理功能或增加对服务的可获得性上。但是这些活动并不一定能解决社会变革，而且大部分的心理健康工作、创伤应激干预工作也可以由心理学家进行。因此，社会工作应该把重点放在服务的协调、灾后组织和社区发展方面，否则，社会工作专业可能因忽略了关键的社会发展议题而无法实现社会和经济正义的职业理想。[①]

三 灾害社会工作角色功能

（一）社会工作者在灾害服务中最常扮演的角色

社会工作者在灾害救助服务中最常扮演的角色，除了上述的心理支持者角色之外，还有需求评估者、资源整合者、个案管理者、社区组织者等角色。

1. 需求评估者

在灾后救援服务中，了解及判断需求是相当重要的。通过需求访问，一方面能够让受灾居民的情绪有所抒发，另一方面也可以让服务的提供者能够准确及时了解不同的需求分布。在中国台湾地

---

① Loretta Pyles, "Community organizing for post-disaster social development: Locating social work," *International Social Work*, Vol. 50, No. 3, 2007.

区，经历"9·21 地震"之后，社会工作者所扮演的需求评估者的角色被进一步凸显。据此，台中县政府（2004）明确规定了社会工作者在重大灾害发生中的角色与任务：社会工作者需访视所有罹难、失踪及重伤家户，以了解个案需求并提供相关服务；天然灾害受灾户在生活重建过程中所需要的资源，需经由社会工作者评估后发放。[①]

需要特别强调的是，灾后的需求评估应该注意评估与服务的同时进行。评估需要不断地访问，这就意味着灾区民众会不断地被打扰。如果只是一味地评估而没有实质性的服务，对受灾居民而言，其实是一种"打扰"，甚至是"二次伤害"。很多研究也证明，大灾过后，作为需求评估者的社会工作者都是集评估和服务角色于一体的。

2. 资源整合者

在社会工作看来，脆弱性是一个连续的统一体，在这个统一体中，社会经济地位越低，意味着社会脆弱性越大。其中，个体的脆弱性涉及贫穷和社会隔离这两个最重要的社会结构因素。贫穷和缺乏家庭财富意味着个体不太可能从灾害对物质和身体的影响中恢复；与邻居、亲属以及正式的组织的社会隔离则意味着个体和家庭将无法动用社会资本进行灾后恢复。因此，社会工作者应积极扮演资源整合者的角色，尽力将最宝贵的资源连接给最有需要的人群，以维护社会公平。

3. 个案管理者

灾后社区居民的问题往往是多元且复杂的，一个受灾户中，可能有经济的问题、房子倒了、找不到工作，也有可能在心理上出现状况，更有可能产生生理健康问题。因此，往往需要来自不同领域的协助。个案管理是一种跨领域的途径，致力于为案主整合各类服

---

① 陆宛苹：《社会工作在重大灾变服务提供的角色及民间非政府组织介入所遭遇的挑战》，灾害救助与社会工作研讨会，台北中华救助总会 2010 年，第 261—270 页。

务，它运用各种社会工作实务方法，提供一个有理论基础的整合性概念，不但可以整合零碎或复杂的服务，也可以在服务过程中强化案主使用资源的能力。因此在灾后恢复重建阶段，社会工作者一方面扮演着初级的情绪支持者的角色，另一方面，要去整合各种资源，通过社会工作者的沟通及协调，以及在必要时予以转介，使受灾居民的需求得到满足。这些正是个案管理者的功能所在。

因此，霍莉·贝尔（Holly Bell）从个案管理的视角出发，指出社会工作在灾后救援中应关注全人发展，评估案主全部的情况，并针对评估出的多重问题与需求予以解决。社会工作者不仅要界定服务对象、评估灾民需求、与灾民共同规划重建计划、协助案主连接所需服务，也要从中观、宏观层面进行倡导。[①] 中国台湾学者冯燕指出，台湾"9·21地震"后，南投县成立的23个社区家庭支援中心、台中市成立的3个生活重建中心、台中县成立的5个社会福利工作站，以及民间单位，如世界展望会的原住民乡服务站、家扶基金会的儿童扶助工作、儿福联盟的失依儿童访视计划，等等，社会工作者都是采用个案管理的方法进行个案的访视辅导，提供个案直接的服务或是转介不同的服务项目，使案主能直接、就近得到在地服务。[②]

4. 社区组织者

社区的脆弱性水平与社区的人口特征、历史、文化、经济特征以及地方政府的灾害运作水平等都有密切关系。地震的发生打破了原有的社区政治经济结构，因而为社区自主性组织的出现提供了时机。这些自主性组织的出现，是为了实践文化的重建、产业的重建、社会关系的重建、文娱生活的重建等，目的是凭借自己的力量

---

① Holly Bell, "Case management with displaced survivors of hurricane Katrina: a casestudy of one host community", *Journal of Social Service Research*, Vol. 34, No. 3, 2008.

② 冯燕：《灾变社会工作功能与角色——台湾9·21大地震的社工经验》（http://www. google. com. hk/url? sa = t&rct = j&q = 灾变社会工作功能与角色——台湾9·21大地震的社工经验）。

重新站起来，以便恢复灾前的常态的生活功能。因此，灾后重建是一种挑战，也是一种新的运动。社会工作者则需要扮演社区组织者的角色，通过扎实的组织培养、组织教育以及深入的组织动员，将社区的发展带进一个更具主动性也更具发展性的未来。

灾难过后，社会工作者应充分发挥组织和倡导能力，在社区工作中，利用合适的机会推动各类社区组织的重建。这种以社区为基础的防灾减灾可以纠正自上而下的灾害管理方法的缺陷与不足。自上而下的灾害管理方法无法满足弱势群体的多样需求，而且也忽略了当地潜在的资源和能力。"当国家单纯按照财产损失程度定义灾民，并按照统一的标准进行救助时，其实忽略了个体存在的差异性，一些弱势人口的特殊需求被忽略了，这样的救援本身会制造社会不公平。"① 因此，以社区为基础的防灾减灾特别强调加强地方社区的能力，强调重视本地领导者，在灾后社区动员的过程中，要将社区中最弱势的人群包括进去；强调外来人员具有支持、推动和促进作用等要素。

周月清通过问卷调查研究发现，在中国台湾"9·21地震"灾后紧急救援期间，社会工作者的功能是按以下次序发挥作用的：第一，对受灾个人及家属的支持；第二，连接个人需要与资源，并使资源更容易被受灾群众所获得；第三，防止受灾群众有更严重的身心健康问题；第四，防止个人、家庭、组织或社区的瓦解；第五，改变微观系统，提升受灾居民的福利；第六，改变宏观系统，提升受灾居民的福利。在上述服务过程中，社会工作者所扮演的角色依次为支持者、信息提供者、需求评估者、咨询者、危机介入者、协调者、管理者、教育者、促进者/增能者、群体/社区组织者、倡导者等；到了过渡安置及恢复重建阶段（即地震3周以后），以上功能中的"预防组织和社区的瓦解"功能排在了最后。而社会工作者

① 王增勇：《南投县灾后生活重建规划——社区家庭支援中心》，《护理杂志》2000年第5期。

所扮演的角色依次为信息提供者、咨询者、管理者、个案管理者、促进者/增能者、教育者、倡导者。[①]

（二）社会工作在不同灾害情境中的功能定位

从微观、中观和宏观的视角分析，社会工作者在灾后服务中扮演的角色可以分为：微观层面，作为使能者和服务者，社会工作者通过积极行动来帮助案主获取不同的灾害服务；中观层面，作为调停者和经纪人，社会工作者可以通过与非正式的社区群体和地区领袖一起工作，将脆弱人群与资源连接起来；宏观层面，社会工作者被鼓励在正式的组织机构中倡导政策，并将那些非正式的社区组织容纳到整个灾害救援体系中。[②]

玛丽·罗格（Mary E. Rogge）提出，在灾难救援中，社会工作必须要建立和具备以下几个专业能力：第一，界定灾难与创伤事件，以及了解其性质；第二，在灾难与创伤事件发生前、救援中和复原后，将人们的文化多样性与脆弱人口群的需求纳入考虑的范围；第三，经由协调计划、训练以及其他行动，在灾难发生前增强社区回应灾难的效能；第四，用知识和技能来回应灾难和创伤事件，以降低居民的痛苦；第五，建立机构和服务输送体系，以及社区行动计划，促进社区从灾难复原中提升生活品质；第六，运用与灾难相关的知识与技巧促成政策与实务的进步；第七，开发个人、地方、组织、社区、国家以及跨国的灾难管理策略。由此看来，社会工作参与灾难管理的任务，从纵向的时间序列而言，包括灾前预防、灾后恢复和社区重建；从横向的服务内容而言，包括对灾难事件的界定与了解、个人的心理社会治疗、家庭与社区的重建、灾难管理政策制定的参与等。[③]

---

① 周月清：《九二一灾变与社会工作者》，台北市社会局 2001 年版，第 14—21 页。

② Zakour, M. J. & E. B. Harrell, "Access to Disaster Services: Social Work Interventions for Vulnerable Populations", *Journal of Social Service Research*, Vol. 30, No. 2, 2003.

③ Mary E. Rogge, "The Future is Now: Social Work, Disaster Management, and Traumatic Stress in the 21st Century", *Journal of Social Service Research*, Vol. 30, No. 2, 2003.

雷内·德拉姆、莎伦·皮特曼和谢利·佩里（Rene D. Drumm，Sharon W. Pittman，Shelly Perry）三位学者于 1999 年 5 月在阿尔巴尼亚南部的科索沃难民营进行了为期一个月的定性需求评估。研究显示，难民营存在的普遍问题包括创伤和情感帮助的需求、缺乏亲人的信息、缺乏有意义的活动，以及难民自决等问题，并发展出一套满足难民需求的生态需求模式。微观层面：提供评估、咨商与聆听是难民收容所的标准服务；提供个案工作协助难民获得信息；提供教育与游戏活动给儿童。中观层面：增强一线工作人员之间、政府与救灾机构之间，以及收容所管理人员与救灾机构之间的关系；促进难民自我照顾的机会，预防救援人员二度创伤。宏观层面：宣传有关社会工作服务与早期心理卫生介入的重要性；倡议救灾机构优先支持第一线救灾人员，以及维护既有文化与消费习惯等。①

乌里·娅内和莎伦·本杰明（Uri Yanay & Sharon Benjamin）以耶路撒冷应急队伍经验为基础，指出在过去的几年中，社会工作者在耶路撒冷紧急事务处理中扮演了非常重要的角色。他们为那些受伤的人员以及他们的家庭、为那些失踪或被杀害人群的幸存者提供专业的服务。受雇于耶路撒冷市不同服务机构的社会工作者，分布在灾害现场、城市医院、警察局失踪人员信息中心、法医研究机构、通报机构、耶路撒冷热线以及专项行动中等，从而构成了耶路撒冷即时社区干预网络。②

沙哈尔（Shahar）以 1993 年波斯湾战争期间以色列一家医院的社会工作者为例，列举出医院社会工作者在紧急灾难时的职责如下：第一，直接提供对病人与伤亡者的服务，住院病人及其家属的后续管理，治疗性介入伤亡者及其家属，保证持续照顾与离院后的追踪；第二，运作成为公众的信息中心，联结、协调与灵活转化社

---

① Rene D. Drumm, Sharon W. Pittman, Shelly Perry, "Social Work Interventions in Refugee Camps: An Ecosystems Approach", *Journal of Social Service Research*, Vol. 30, No. 2, 2003.

② Uri Yanay & Sharon Benjamin, "The Role of Social Workers in Disasters: The Jerusalem Experience", *International Social Work*, Vol. 48, No. 3, 2005.

区中的支持性服务，集中社区中的紧急服务信息；第三，建立区域信息系统，以便于大众和医院人员获悉；第四，设计一套特别的社区社会服务合作方案，协助解决后续照顾的相关问题；第五，为医务人员提供正式与非正式的咨询。

（三）社会工作在灾害管理周期不同阶段的角色功能

近年来，随着灾害管理理念与社会工作价值理念在发展过程中的交汇融合，特别是在以人为本、尊重人的尊严、弱势优先、以需求为导向、强调建立网络与体系的重要性，以及社区动员等理念和工作方法等方面的趋同，冯燕、林万亿、郑丽珍、周月清等学者以灾害管理周期理论为基础，结合中国台湾"9·21地震"及"八八水灾"社会工作服务经验，提炼出社会工作在灾害准备、紧急应对、临时安置以及恢复重建等不同阶段的角色功能。笔者将其归纳整理如下。

减灾备灾阶段：协助开展社区潜在灾害评估；举办训练、演习等措施以加强居民、社区、各级政府、志愿者应对灾难的技巧及知识；协助发展长期性预防计划、紧急应变计划，执行平时灾变管理计划；协助备灾物资的准备，建构危机信息沟通网络；协助建立灾变应对系统、灾变相关政策及政策法规倡导。

紧急救援阶段：时间为灾害发生后的一周至两周。社会工作者在此阶段的工作为协助处理死者殡葬问题、家属悲伤辅导等生命安全维护服务；受灾户的住所安顿与紧急生活救助服务；灾民及灾害救助人员的心理情绪支持与危机调适服务；救灾物资的募捐、管理与分配；志愿者动员与安排；政府与民间救灾力量的协调整合等。

过渡安置阶段：时间为灾后两周至三个月或半年。社会工作者在此阶段的工作为协助灾民搬入临时过渡安置房；协助灾民了解相关抚恤政策及内容，受灾个人及家庭的问题需求评估；灾后创伤症候群辅导，失依儿童、老人及身心障碍者的照顾安排，学生就学安排与辅导；救灾物资管理；辅导灾民自助；规划社会及心理重建方案，协助医疗复健、就业辅导、自杀防治等。

恢复重建阶段：此阶段是灾后六个月至三年的长期恢复重建阶段。在这个阶段，家庭、社区和社会的重建都是很重要的工作。第一，家庭重建：关注因家庭结构改变、家人关系质量的改变而产生的问题；第二，社区重建：社区重建必须考虑"社区总体营造"的观点，建立社区资源体系，增加居民对社区的认同感，凝聚社区意识，培养社区解决问题的能力等；第三，法规重建：法规制度的建立、价值观与伦理的建立、资源的整合和分配等。

在灾难的不同阶段，社会工作者承担的角色任务不同。根据灾害管理四阶段以及社会工作在微观、中观和宏观层面的作用，冯燕整理出灾害管理四阶段中社会工作者的任务及角色，如表2-1所示。

表2-1　　　　　　　　灾害管理与社会工作者角色任务

阶段	任务内容	介入角色
减灾期	个人层面： ·易受灾地区人民的安全教育 社会与行政层面： ·灾变性质及风险的分析 ·各项长期性预防危机活动及方案的推展 ·协助评估灾变可能带来的社会健康、社会安全与社会福利等领域之影响 ·协助建立灾变应变系统 ·灾变相关政策及法令倡导	·教育者 ·资讯提供者 ·服务提供者 ·需求评估者 ·促进者/充权者 ·行政者 ·规划者 ·倡导者
准备期	社会与行政层面： ·协助发展紧急应变计划 ·执行平时的灾变管理计划 ·在社区层面举办训练、演习等措施 ·各级政府、志工人员应对灾难的技巧及知识 ·协助备灾物资的准备 ·建构危机资讯沟通网络	·规划者 ·执行者 ·教育者 ·行政者 ·协调整合者 ·资讯提供者

阶段	任务内容	介入角色
应变期	**个人层面：** · 紧急安置（含失依儿童、无依老人、无依身心障碍者等） · 短期安置 · 儿童、少年、老人、身心障碍者照顾安排 · 协助伤者医疗与复健 · 生活秩序重建 · 学生就学安排与课后辅导 · 陪伴灾民、安抚心理 · 创伤后压力症候群辅导 · 自杀防治 · 协助处理殡葬事宜 · 就业辅导 **家庭层面：** · 临时生活庇护 · 家属悲伤辅导 · 遗属慰问与帮助 · 家庭需求与问题评估 **社区层面：** · 当地问题分析 · 鼓励灾民互助合作 · 社区资源整合、规划和分配 **社会与行政层面：** · 整理并提供灾变最新资讯 · 分配、管理救灾物资 · 志愿工作者动员与管理 · 临时安置处所管理 · 家户调查 · 规划生活及心理重建方案 · 发放慰问金 · 政府福利事项宣传 · 协助救灾人员减压	· 服务提供者 · 支持者 · 需求评估者 · 咨商/辅导者 · 促进者/充权者 · 个案管理者 · 团体/社区组织者 · 教育者 · 资讯收集者 · 规划者 · 协调整合者 · 行政者

续表

阶段	任务内容	介入角色
重建期	**个人层面：** ·灾民长期安置 ·创伤后压力症候群辅导 ·协助学生就学 ·就业辅导 **家庭层面：** ·家庭支持 ·家庭需求追踪 **社区层面：** ·设立社区重建服务中心 ·凝聚受灾社区居民共识 ·建立社区资源网络 ·生计重建 **社会与行政层面：** ·协助政府研究与评估	·服务提供者 ·咨商/辅导者 ·个案管理者 ·促进者/充权者 ·团体/社区组织者 ·教育者 ·资讯收集者 ·行政者 ·监督者 ·倡导者 ·研究者

资料来源：冯燕：《环境变迁中社会工作专业新发展——灾变管理社会工作》，《灾害救助与社会工作》，台湾中华救助总会、财团法人中华文化社会福利事业基金会，2010年，第3—18页。

由此看来，社会工作参与灾难管理的任务，从纵向的时间序列而言，包括灾前预防、灾后恢复和社区重建；从横向的服务内容而言，包括灾难事件的界定与了解、个人的心理社会治疗、家庭与社区的重建、灾难管理政策制定的参与等。对灾害社会工作角色功能的分析，无论是综合性的描述，还是特定灾难情境下的类别需求分析，甚至是根据灾害管理周期所做的阶段性划分，其基本目的都是为社会工作者参与灾难服务提供事前的准备和事中的参照。

四　中国灾害社会工作研究现状

在2008年"5·12汶川大地震"之前，内地专家、学者对灾害社会工作的研究寥寥无几，社工实务界对灾后服务的经验更是一片空白。"5·12汶川大地震"之后，随着社会工作介入灾害救助工作的初步尝试和逐步深入，灾害社会工作研究逐渐进入专家和学者的视野。中国知网以"灾害"和"社会工作"为关键词的相关文章、学位论文日渐丰富，其中，涉及灾害社会工作的学术研究主题分为以下五大类：其一，灾害社会工作介入模式研究；其二，社工组织机构研究；其三，灾害社会工作的角色功能研究；其四，灾后儿童、妇女等弱势人群研究；其五，社区重建与社区发展研究。[①]这些研究成果填补了中国灾害社会工作研究领域的空白。

（一）中国灾害社会工作研究特点

1. "嵌入性"是社会工作灾后服务的主要介入模式

目前，中国尚未有相关政策法规对社会工作参与灾害救援的介入环节、介入领域和服务功能等方面做出明确规定。因此，在缺乏政策和制度支持的前提下，灾害爆发后，"嵌入性"成为社会工作介入灾后服务的总体介入特征。[②] 在"制度性嵌入"方面，社会工作团队将自己主动纳入灾区的行政体制中，建立与政府的沟通和合作机制，努力赢得当地政府的理解、接纳、信任和支持；在"服务性嵌入"方面，社会工作团队积极利用和整合灾区既有的社会服务资源，尽可能将社会工作的服务理念、方法和技巧融入灾区的服务体系中。通过上述"制度性嵌入"和"服务性嵌入"，最终实现社会工作在灾后重建中的"互构性成长"，即专业社会工作团队、实务模式与灾区行政体系、社会体系的相互影响和相互建构。[③]

"嵌入式"的介入模式含蓄地表达了社会工作对已有的行政救助体制的"依附"和"顺从"，却也是社会工作面对合法性不足、

---

① 张粉霞、张昱：《灾害社会工作的功能检视与专业能力提升》，《华东理工大学学报》（社会科学版）2013年第6期。

② 徐永祥：《建构式社会工作与灾后社会重建：核心理念与服务模式——基于上海社工服务团赴川援助的实践经验分析》，《华东理工大学学报》（社会科学版）2009年第1期。

③ 范斌：《灾后社会重建：社会工作的行动基础及专业成长》，《华东理工大学学报》（社会科学版）2010年第6期。

资源欠缺的现实困境的明智选择。

2. 机构类型多样化、服务项目多元化及服务时限阶段化是社工组织机构的主要特征

据不完全统计，"5·12 汶川大地震"发生后，共有 1000 多名社会工作专业人员、28 个社会工作站点在灾区开展专业社工服务。根据与政府、企业、社会组织之间的关系和社会工作自身的自主程度，这些社工站点可以分为 5 种类型：第一，政府主导的"对口援建"模式；第二，社会组织合作的自主介入模式；第三，以本地政府主导，联合其他社会团体组织成立的社工服务站点模式；第四，转化为"民办非企业组织形式"主导的社工站点模式；第五，境内外资金独立运作的项目——社会企业的另类形式等模式。[①]

不管是上述哪种类型的社会工作机构，在参与灾后服务的过程中，都面临着以下困境：没纳入救灾体系，缺乏合法性制度支持；无固定经费来源，缺少服务所需的财力资源支持；组织机构自身欠专业性以及组织机构之间的无序性；专业人才的匮乏和流失；服务的可持续性和均衡性等。[②]

3. 社会工作在灾后救援中发挥了重要但非持续性的作用

"5·12 汶川大地震"可以说是中国社会工作的一次集体亮相。地震之后，由高校学者、实务工作者组成的社会工作服务站（点）以及社会工作的民间组织纷纷投入震后服务中，在灾民心理情绪支持、灾后物资救助、救灾资源协调和挖掘、灾民能力促进、灾后社区关系修复与重建、促进社区整合、提供信息咨询等方面发挥了重要的作用，扮演了服务提供者、资源动员/链接/输送者、心理/情绪支持者、服务的个案管理者、社会关系恢复/重建者、信息传递者、方案设计者、能力促进者、项目推展者、倡导者、协调者、咨询者、教育者甚至研究者等多元的角色。

[①]　陈锦棠、成元君、刘肇薇：《社会工作介入灾害救援机制研究——以汶川大地震为例》，《中国社会工作》2010 年第 5 期（上）。

[②]　同上。

　　遗憾的是，由于"社工的不成熟和不自信，当地政府的不接纳，民政不放心，国家没政策"① 等，在紧急救援阶段，可以说社会工作整体上错过了开展服务的机会。而在最需要社会工作发挥作用的恢复重建阶段，因为缺乏财力支撑、人才资源短缺、激励机制缺失、工作热情减退等，很多社工机构和社会工作者因服务无法持续而纷纷撤离灾区，给当地政府和群众带来诸多不良影响甚至"二度伤害"。

　　4. 注重社会支持网络的建构是对弱势人群研究的重点

　　对灾后弱势人群的关注是灾害社会工作的重要职能之一。现有的文献中，社会工作对弱势人群的研究较多关注社会支持网络的链接与重构。

　　震后孤儿的支持体系建构，灾后儿童心理重建，青少年社会关系、社会支持网络的重建，优势视角理论下的灾区青少年社会生活重建，在灾难援助中运用社会性别意识，倡导社会性别主流化，推动男女两性和谐关系的重建，以及帮助农村妇女获得各种正式和非正式的社会支持等社会工作实务探索及在此基础上形成的研究成果，都是中国灾害社会工作的有益尝试和宝贵经验。

　　汶川大地震导致大量的地震受伤或致残人员，这一人口群的治疗康复与发展成为灾后重建工作中一个不容忽视的社会问题。令人遗憾的是，关于社会工作介入残疾人服务的相关研究却寥寥无几，有学者仅从危机介入模式介绍了对受伤人员的个案服务的介入过程。

　　5. 灾后社区研究强调社区社会支持系统构建、个体增能，以及培养当地社区力量

　　灾后的安置社区具有过渡性，环境退化，居民的异质性和疏离性，灾情文化，问题的多样性、复杂性和基础性，原有组织体系破

---

① 王曦影：《灾难社会工作的角色评估："三个阶段"的理论维度与实践展望》，《北京师范大学学报》（社会科学版）2010年第4期。

坏，管理难度大等特点。① 在安置社区这样的特殊环境中开展服务，社会工作特别要强调社区社会关系的恢复和重建，以及受灾群众的互助体系和社会支持体系的构建；需要强调"助人自助"的价值观，认识到灾后社区成员的潜能，发掘和培育当地社区力量，促进当地社区正面成长；对于安置社区的脱贫问题，可以通过个体增能、提供服务以及促进个体建立社会关系网络等措施来实现；而安置社区社会文化适应，特别是对于少数民族受灾群众来说，更需要一个逐渐调适的过程；在灾后社区社会重建中，需要外来社会工作经验本土化和本土社会服务经验专业化的共同推进。

此外，有学者认为，在安置社区社会关系的恢复和重建方面，小组工作方法有着比其他方法更为有效的专业功效②；徐文艳、沙卫、高建秀参照源于社区精神卫生领域的卡普兰三级预防体系理论，为灾后社区重建搭建了社会工作实务平台。在此框架下的以社区为本的社会工作服务强调以个人、家庭和社区为纬，以加强资源连结为线，以三级预防体系为经的综合工作框架。③

（二）中国灾害社会工作研究的不足及建议

通过上述的梳理，不难发现，中国灾害社会工作研究的局限性有以下几点。

1. 在注重强调社会支持网络建构的同时，从综合性视角开展灾后创伤压力干预的服务较少

从应激压力理论视角分析，灾害作为一种应激源，不仅会对个体的生理和心理造成创伤，如生理的伤残，心理与情绪上的极度悲

① 张昱：《安置社区建设——汶川震后重建的社会工作视角》，《福建论坛》（人文社会科学版）2008 年第 8 期。

② 费梅苹：《灾后安置社区社会工作的实践与反思——都江堰市"勤俭人家"社会工作服务经验研究》，《华东理工大学学报》（社会科学版）2008 年第 4 期；蔡屹：《小组工作运用于板房安置点受灾群众社会关系的重建——以勤俭人家"和谐巷"居民自我管理弄堂会为例》，《华东理工大学学报》（社会科学版）2008 年第 4 期。

③ 徐文艳、沙卫、高建秀：《"社区为本"的综合社会服务：灾后重建中的社会工作实务》，《西北师大学报》（社会科学版）2009 年第 3 期。

哀、无助、绝望或自责、内疚或强烈的罪恶感等，同样，也会造成集体创伤，如家庭、社区归宿感破裂，社会关系的断裂等。从国际灾害社会工作的服务视角来看，社会工作作为一种专业的学科，更需要从全面、综合的应激压力理论视角出发，借助心理学、危机管理等学科的理论，探讨哀伤服务、丧亲家庭关怀、伤残家庭慰问、压力管理、灾难症候群辅导、危机事件应激解说法等方法在综合性灾后创伤压力服务中的功效。

反观中国灾害社会工作服务，无论是对弱势人群的关注，还是对灾后安置社区的研究，都非常强调灾后社会支持网络的重构，但是却忽略了从综合性的视角开展灾后创伤压力服务的干预研究，即社会支持网络重建只是灾后创伤压力干预的一种方法和途径，而不是服务的全部。无论是实务界还是理论界，灾害社会工作面临的最大挑战之一就是无法提供专业的、充足的创伤压力干预服务。

2. 对社工机构的短期个别化研究较多，长期纵向跟踪研究以及社工机构之间的横向网络研究较为缺乏

针对社工组织机构的研究，中国学者较多地关注社工组织机构（站/点）的类型、服务模式及服务内容等方面短期的、个别化的研究，而对社工机构的长期纵向跟踪研究以及组织机构之间的横向网络研究则较少。虽然一些学者也强调社工机构与当地政府、行政机构之间的关系构建，却忽略了社工组织机构之间、社工组织机构与其他 NGO 组织之间的关系网络链接与协调的研究。事实上，在"5·12汶川大地震"之后，各类社工组织机构以不同的方式投入灾区，机构之间各自为政、独立运作，缺乏共同目标指引下的合作依赖、资讯分享、资源整合等制度化的合作沟通网络，造成了机构无序、资源浪费、服务重叠或服务死角等失灵问题。

3. 在弱势群体研究中，如何以系统化的方法对弱势人群可获得的资源体系进行管理的探索尚显不足

在中国现有的灾害社会工作文献研究中，涉及弱势人群的仅有震后孤儿、儿童、青少年、妇女、农村家庭等几类人群，对于因灾

丧亲家庭、灾后孤寡老人、身心残障人士等人群的研究尚有不足，其中，特别是对于最需要服务的因灾丧亲家庭的支持更是少之又少。以笔者参与的"都江堰灾后重建社工服务队"的实践经验为例，在都江堰 Q 安置社区开展服务的过程中，因为对社工自身专业能力的不自信、对灾民由"天灾"转变为"人祸"的不满情绪的担心，以及遵照当地政府暗示的"尽量不要接触丧亲家庭"等，服务队自始至终没有介入因灾丧亲家庭（特别是因为校舍倒塌而遇难的中小学生家庭）的支持服务中。对最需要服务的人群没有提供及时、专业和深入跟进的服务，这或许是社会工作介入灾后服务的较大遗憾。

　　从研究内容来看，研究者较多关注了这些弱势人群的社会支持网络的链接与建构，但是，如何能够以系统化的方法对上述弱势人群可能获得的资源体系（人力资源、物力资源、财力资源、社会服务资源等）进行盘点、开发和链接，特别是深入分析如何确保这种连接关系能够得以长期维持等的研究尚显不足，而这样的研究对于弱势人群的灾后长期恢复重建更为重要。

第三节　跨部门合作

　　在国外灾后救援与重建中，跨部门合作并不常见，相关事务多由社区自行完成。地震前已有社会组织运作的社区，在救援应变阶段，可顺利发挥组织的运作、统筹协调功能，进行搜救、援助等相关事务处置，以保障社区居民在地震初期保持良好的生活质量。而在中国绝大部分受灾地区，灾难救援的响应系统、预警机制、救灾资源和技术能力尚且不足，这种现状对于探索和推进灾后跨部门合作之重要性和紧迫性不言而喻。

一　跨部门合作内涵

　　跨部门合作的概念源于"跨部门治理"。随着社会经济发展的日趋多元化，各种政策性社会议题（诸如环保问题、社会弱势照顾、灾难救援等）所牵涉的范围、领域以及参与者等都呈现出跨领域和多元主体的特点。当某一议题无法由单一层级的政府或已有的组织机构独立解决时，运用跨部门的治理模式将成为主要的处理机制。

从理论层面，跨部门治理旨在探究第一部门（公部门）、第二部门（私部门）与第三部门（非营利组织与公民社会）在共同处理具有跨领域、跨组织特性的社会议题时的互动关系。这种互动关系是一种基于相互认同的目标，建立在不同行动者之间的相对自主、公平参与、明确责任、透明程序的相互镶嵌与认同承认的互动模式上。此外，跨部门治理的参与范畴已不仅限于议题的执行层面，而更强调规划与决策的参与。①

从概念上看，因为跨部门治理所带来的多元整合期待，使政府可以凭借与其他社会组织或团体的合作关系，基于功能互补的相互依赖，经由资源与资讯交换的网络，扩张彼此在公共服务传递过程中的角色与职能，而借着合作模式所展现出的公共服务传递与跨部门协力治理形态，从而有效达成增能的理想。②

在描述政府与非营利组织之间的合作关系时，学者专家的用词相当多元化和丰富，诸如"合作""协调"以及"协作"等。凯斯特和曼德尔（Keast & Mandell）用 3C 图形描述出"合作""协调""协作"这三者之间所代表互动关系的差异程度。③ 其中，"协作"指组织（或参与者）之间相互依赖程度最高、接触最频繁、信任度最高、权力与目标价值是共同分享的互动关系，互动的目的是达成共同目标及互相学习而产生改变；相对而言，"合作"则是指各方之间较为松散的互动关系，互动的目的是信

---

① Brinkerhoff, J. M., "Government-nonprofit Partnership: A Defining Framework", *Public Administration*, Vol. 22, 2002.

② Peters, B. G. & J. Pierre, "Governing Without Government: Rethinking Public Administration", *Journal of Public Administration and Theory*, Vol. 8, 1998.

③ Keast, R. & M. P. Mandell, "What is Collaboration?" In ARACY · Advancing Collaboration Practice. 〔*Fact Sheet* 1〕, Canberra: *Australian Research Alliance for Children and Youth*, 2009, pp. 1 –3.

息、资源与利益的交换，合作各方具有各自独立的目标价值，权力与资源尚未有共同分享的必要；"协调"则介于前面两者的中间程度，互动的目的是达成共同既定的方案目标。三者之间的具体差异如图2-2所示。

图2-2　3Cs的互动关系特点 （Keast & Mandell，2009：2）

尤金·巴达赫将"合作"界定为两个或两个以上的机构从事的任何共同活动，通过一起工作而非独立行事来增加公共价值。[①] 在此定义中，虽然"一起工作"的性质和形式多种多样，但是其目的则在于增加公共价值。

盖伊·彼得斯（Guy Peters）进一步设定合作关系的五个要件[②]：一是合作伙伴关系牵涉两个或两个以上的行动者，至少其中一方为政府；二是每一个行动者可以代表自己与他人议价；三是合作伙伴关系是一种长期且持续的关系；四是每一个行动者对于伙伴关系具有实质性的（例如，提供资源）或象征性的（例如，分享权威）贡献；五是所有行动者均应分担责任。

就"合作"的概念而言，在学术共识尚未达成之前，更重要的是如何就此类词语背后所涉及的共通含义有较广泛与清晰的认知。因此，本书采用部分学者的观点，将"合作""协调"以及"协

---

① ［美］尤金·巴达赫：《跨部门合作——管理"巧匠"的理论与实践》，周志忍、张弦译，北京大学出版社2011年版，第6页。

② Guy Peters，"Managing Horizontal Government：The Politics of Co-ordination"，*Public Administration*，Vol. 76，No. 2，1998.

作"视为共通的用语，不对其中的差异做苛求区分，并采用广义的
"合作"作为本书的概念界定，即两个或两个以上的组织机构通过
联合行动以增加公共价值。

就"跨部门"的概念而言，本书的目的在于探索灾难救援中政
府与社会工作非营利组织之间的互动关系。因此，基于研究议题的
范围限定，本书所指的跨部门仅涉及第一部门（公部门）与第三部
门（非营利组织）之间的互动关系。

概而言之，跨部门合作是指政府与其他组织、团体，在共同目
标与社会责任的明确承诺下，在责任与义务的明确区分下，经由资
源与资讯交换的网络关系，基于彼此功能互补的权力互赖，而共同
提供公共服务的互动关系。其目的在于实现跨部门合作输出的增能
效果。本书所指的灾害社会工作的跨部门合作机制，系在灾难救援
的过程中，政府与社会工作非营利组织在平等互信的基础上，通过
资源分享、功能互补、决策参与、沟通协调的互动过程，实现社会
工作参与灾难救援的公共服务目标。

二　跨部门合作的理论研究

探讨政府与非营利组织跨部门合作的基础理论，可以分为宏观
的社会结构范畴和中观的组织结构范畴。

（一）宏观的社会结构范畴

宏观的社会结构视角，尝试从市场失灵、政府失灵、第三者政
府理论等角度，探讨政府与非营利组织合作的社会、政治以及经济
等因素，以作为解释政府与非营利组织合作的成因与基础理论。其
中，具有代表性的是莱斯特·萨拉蒙（Lester M. Salamon）的"第
三者政府理论"[①] 和韦斯布罗德（Weisbrod）的"公共财政理

---

① Lester M. Salamon, "Partners in Public Services: The Scope and Theory of Government Nonprofit Relations", In Powel, W. W. （ed.）, *The Nonprofit Sector: A Research Handbook*, New Haven: Yale University Press, 1987.

论"①。第三者政府理论认为，在公民社会中，第三部门是提供公共财政的最佳机制。即自下而上具有志愿基础的第三部门是解决逐渐扩大的社会经济问题最适当且最有效的方式，政府在其中可以扮演第二线的后援角色。当第三部门运作失灵时，政府才介入干预。这样不仅能提升政府部门的行政效率，也可以节省不必要的行政支出。而"公共财政理论"的分析逻辑与第三者政府理论刚好相反，其认为政府必须对公共支出负责，并提供物资和服务以符合整个社会大众的不同需求。只有当政府无法充分提供财物及服务时，第三部门才有存在的适当性。"第三者政府理论"和"公共财政理论"对于政府与第三部门相互依赖的角色假设虽然不同，但是两者都强调协力合作是解决当前国家社会经济问题的最佳方式。

（二）中观的组织结构范畴

中观的组织结构视角，从"组织互动"理论视角出发，分析政府与非营利组织之间在合作过程中的合作要素、合作模式、合作能力、合作冲突等。肯·史密斯等人（Ken G. Smith, Stephen J. Carroll, Susan J. Ashford）归纳出五个可以用来解释组织间合作关系的理论。交换理论：其关注的焦点在于交换过程与合作关系，主张合作关系的形成是基于合作的利益高于成本这一前提；吸引理论：该理论主要研究个人与群体之间如何相互吸引以形成连接，观察的变项有价值与地位相似性、需求的互补性、目标一致性、资讯需求等因素；权力与冲突理论：该理论强调组织间的冲突与对抗，由于不同的群体在目标、价值与资源上的差异，导致不公平与不平等的感受而形成冲突。这一理论可以用来观察合作关系的变化与瓦解；模塑理论：该理论强调社会学习的过程和社会学习、模仿与模塑对个人之间与组织之间合作关系的影响与重要性；社会结构理论：该理论重视孕育合作关系的结构因素，用来解释何种体制环境下会形成

---

① 江明修：《非营利管理》，台北智腾文化事业有限公司2002年版，第95页。

合作关系。①

　　"资源依赖理论"是学者们在解释政府与非营利组织的合作关系时经常被提及的重要理论之一。杰弗里·普费弗和杰拉德·萨兰西克（Jeffrey Pfeffer & Gerald R. Salancik）指出，组织能否存续的关键在于组织获取并维持资源的能力。然而，没有组织是完全可以自给自足的，组织是镶嵌于其他组织所共同组成的环境之中的，每个组织都会依赖其他组织以获取自身所需要的资源。因此，组织间的合作源于资源的相互依赖。其中，资源的重要性、资源的配置权以及资源的不可替代性这三个重要的因素会影响组织对其他组织的依赖程度。②

　　本书主要探讨"上海社工灾后重建服务团"在灾后服务过程中，政府与社会工作非营利组织之间的合作互动过程。因此，本书的理论焦点将集中在中观的组织结构层面上。

　　（三）跨部门合作的静态结构面与动态过程面

　　跨部门合作既是一种过程，也是一种结构，因此，合作呈现出静态的结构性与动态的过程性两大特点。所谓"静态的结构性"，是对跨部门合作各要素的特定解释，包括合作情境及条件、合作模式、合作机制以及合作中的冲突等要素。关于跨部门合作的静态结构面的相关理论论述，本书将在第三章（跨部门合作的条件要素）、第四章（跨部门合作的关系模型）、第五章（跨部门合作的服务内容）、第六章（跨部门合作的困境）进行逐一的论述与呈现。所谓"动态的过程性"，是指合作关系是一种动态的互动过程，具有动态性且是一个连续的过程。根据其生命周期，合作关系可以分为四个阶段：前合作关系阶段、合作关系建立与巩固阶段、合力传递服务阶段以及合作关系终止或持续阶段。

---

　　① Ken G. Smith, Stephen J. Carroll, Susan J. Ashford, "Intra and Inter-organizational Coopera-tion: Toward a Research Agenda", *Academy of Management Journal*, Vol. 38, No. 1, 1995.

　　② Jeffrey Pfeffer & Gerald R. Salancik, *The External Control of Organizations: A Resource Depend-ence Perspective*, Stanford, CA: Stanford University Press, 2003, p. 3.

第一阶段：前合作关系阶段。组织间彼此以非正式的互动、信任等方式促进共同目标的达成。这一阶段，组织间的合作关系比较适宜建立在（议题）网络的治理模式下。

第二阶段：合作关系建立与巩固阶段。这一阶段的合作关系已具备高度的结构化与制度化的特点。组织间的利害关系已经由正规化的程序和决策模式来决定。由原先的议题网络模式转向政策社群。这一阶段也可能不经过合力传递服务阶段，而直接转向合作关系的终止或持续阶段。

第三阶段：合力传递服务阶段。这一阶段，合作关系中的各个组织，在传递服务的过程中，进入市场竞标阶段。各组织间扮演着不同的服务角色，合作关系降低。互动关系由政策社群转向议题网络。

第四阶段：合作关系终止或持续阶段。在这一阶段，如果无法维持宽松的网络合作关系，组织间的合作关系即告终止；反之，如果再度强化组织间的相互承诺，则合作关系将持续存在。

江岷钦、孙本初、刘坤亿等学者提出了维系四个阶段合作关系的具体策略。前合作关系阶段，可以利用友善态度、具体利益的吸引、彼此间的信任等各种系统因素促成建立合作关系的可能性，并建立合作关系的正当性基础，通过善用信任和投资信任等方式，强化合作双方的信任关系等；合作关系建立与巩固阶段，则要慎重选择合适的合作关系与合作模式，通过合作契约等手段克服合作关系的脆弱本质；在合力传递服务阶段，应该洞察到合作关系开始出现巩固各自利益或利益互斥的现象。因此，除了继续投资信任之外，也应该开始有退场的准备；在合作关系终止阶段，即使合作关系因主客观因素而必须终止时，仍然应该维持良好的互动关系，并检讨合作终止的原因，评估合作关系中的成本效益，以作为日后在其他议题上合作的基础。①

---

① 江岷钦、孙本初、刘坤亿：《地方政府间建立策略性伙伴：以台北市及其临近县市为例》，《行政暨政策学报》2004 年第 38 期。

　　本书以组织间合作关系的生命周期为线索，将静态层面的合作要素、合作模式、合作内容、合作困境等研究要素逐一嵌入合作关系的动态的过程面中，形成四个方面的主要研究议题，以深入探索"上海社工灾后重建服务团"内部不同组织之间的合作互动关系。

　　合作关系的结构面与过程面的相互嵌入如图2-3所示。本书后续章节将对此议题逐一展开论述。

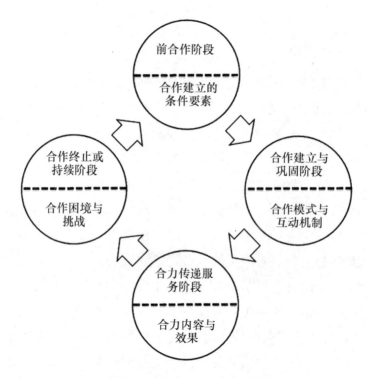

图2-3　跨部门合作的过程面与结构面的相互嵌入

第 三 章

跨部门合作的条件要素

汪川大地震发生之后，有哪些关键要素促使上海社工学术界、实务界以及政府之间能够快速建立合作关系？试图寻找合作关系建立的条件要素，有必要将丰富多元的理论研究嵌入复杂的现实情境进行解构，有必要将社会工作的专业要素移植到灾害发生后特殊的社会情境中进行建构，以此探寻"上海社工灾后重建服务团"合作关系建立的关键要素。

第一节 合作关系建立之条件要素概览

一 灾难救援中的政府失灵与志愿失灵

（一）政府失灵

作为公共服务的主要执行者，政府往往是灾难救援的主力，在救灾权力、物力和财力等方面，政府具有其他组织所无法比拟的优势。虽然官僚救援系统在理论设计上周全严密，但是，从国内外重大灾难事故的救援经验中我们可以发现政府在救援过程中的"失灵"现象。丘昌泰认为，政府在救灾过程中因官僚科层制所导致的"官僚病态"主要表现为以下几个方面。[①]

第一，过度重视组织的生存，忽略当初所设定的目标与任务。

---

① 丘昌泰：《灾难管理学：地震篇》，台北元照出版公司 2000 年版，第 46—48 页。

由于大灾难不经常发生，平日并无经常性任务，所以，相关职能部门的人数编制较少，紧急救援时的人力经常是临时性的或借调其他部门的人力。临时性或借调性的救灾任务编制导致救灾功能无法快速发挥。

第二，回应灾难的速度与整合功能欠缺。政府科层制过分强调自下而上的分层逐级汇报与自上而下的逐级授权，阻碍了信息的快速流通与命令上传下达的速度，从而降低了回应灾难的效率。而且，灾变应对过程中的政出多门、多头管理现象，容易造成协调与整合上的困难。

第三，政府机构的职权分工造成的本位主义。官僚科层制通常强调专业化，因此，每一个职业都根据专业化原则进行职务分工。专业化与职务分工的结果导致组员产生本位主义，往往从自己的职位角度考虑问题，无法从宏观的角度看待整体组织的运作，造成分工上的冲突。

第四，冗长的标准作业程序和文书主义。灾难救援机构对于救助经费的补助与申请，都必须按照一定的公文流程来操作。而灾民在身心受到创伤之余，仍必须按照行政程序操作才能接受补助。冗长的标准作业程序与灾民急切的救助申请往往形成了矛盾。

（二）志愿失灵

当"政府失灵"时，非营利性组织可以凭借其专业的有效性、服务的灵活性等优势对其进行有效补充。但是在灾难救援的过程中，非营利组织同样也面临"失灵"的可能。莱斯特·萨拉蒙用"志愿失灵"概括说明了非营利组织在回应社会需求方面存在的四个方面的限制。[1]

第一，慈善资源的不足性。非营利组织常常没有稳定和充足的资源来源，以回应和满足服务人群的需求。

① ［美］莱斯特·M. 萨拉蒙：《公共服务中的伙伴——现代福利国家中政府与非营利组织的关系》，田凯译，商务印书馆2008年版，第46—51页。

第二，慈善的特殊性。非营利组织常常较多关注他们认为"应该获得救济"的某些特定人群，其结果可能会导致最需要被帮助的（最困难的）人群得不到帮助。由此不仅会产生服务覆盖面上的严重缺口，而且会带来服务重复以及资源浪费等弊端。

第三，慈善的父权性。非营利组织在界定需求、确定服务对象时，常受那些控制资源的个人或机构的影响，并且这些个人或机构会把援助他人当成一种权利或施舍。这种状况不但不民主，而且会给穷人带来一种有损自己利益的依赖感。

第四，慈善的业余性。非营利组织在从事各种公益活动时，常常邀请志愿服务者协助参与。这些人员流动性频繁，而且常常热心有余而专业性不足。

江明修、郑胜分、游淑绮也指出非营利组织在救援系统中有其与生俱来的限制，这些限制包括以下几方面。

其一，目标冲突。非营利组织的宗旨在于其独立性的维护。然而，在进行救援时，这项宗旨却在捐助者的干预救援运作及联盟建立的相互妥协下受到了限制。

其二，结构限制。非营利组织在救援上，其创新性与实验性往往受限于组织结构及捐助者的意见，因而阻碍了救援发展的进步。

其三，救援规模的限制。许多"草根"的非营利组织所擅长的是小规模、区域性的救援行动，若遇到区域性较广的灾难发生，便会在救援技术上产生困难。因其资源与指挥权力有限，虽然非营利组织可以借助资助将其救援规模扩大，但是，一旦灾难结束，救援工作量锐减，组织又势必因资助终止而必须面临规模缩减的问题。因此，在规模与资助的限制下，将会影响非营利组织的救援工作。[①]

无论是从理论层面还是基于现实需求，在灾难情境下，面对

---

① 江明修、郑胜分、游淑绮：《非营利组织与灾区重建》，载《非营利管理》，台北智腾文化事业有限公司 2002 年版，第 436—438 页。

"政府失灵"和"志愿失灵",有效而可行的途径则是政府与非营利组织跨部门合作开展灾后救援服务。政府和非营利组织在公共服务的提供上皆有限制,但是两部门在公共服务提供上的强弱处正好可以相互补充:至少政府有潜力提供更为可靠的资源,而非营利组织比政府更能提供个性化的服务。

政府与非营利组织至少在以下两个方面需要彼此合作。①

第一,行政层面。就非营利组织而言,它需要政府的支持,以取得其合法性及取信于外界的标签。此外,通过与政府保持密切的联系,非营利组织可以使其所倡导的议题被政府采纳,使自己的声音可以表达出来,甚至影响政府政策的制定;而政府同样需要非营利组织的政治支持和合法性输入,以取得大众的信赖和支持。有时,非营利组织甚至被作为挡箭牌,当政府将服务输送任务交给非营利组织来执行时,大众对服务的不满和挫折就不会直接聚焦在政府身上。

第二,资源方面。非营利组织拥有政府所没有的服务输送能力,相对的,政府则拥有充足的经费,这一点对非营利组织具有相当的吸引力。这不仅可以补充非营利组织经费的不足,同样,也可以扩大非营利组织的服务范围和提供品牌信誉的机会。此外,如人力资源、专业技术、服务信息等方面的交换,也常常发生在两部门之间。当然,灾害救援过程中的"政府失灵"与"志愿失灵"仅仅为政府与非营利组织的合作提供了可能,这种可能性要转变为现实,组织间还需要具备建立合作关系的关键性要素。

二 组织间合作关系建立的基本要素

依据资源依赖的观点,合作是资源相互依赖的结果。由于组织是理性的行动者,会以自身的意图与愿景来达成组织的目标,所

---

① Saidel, J. R. , " Dimensions of Interdependence: The State and Voluntary-Sector Relationship", *Nonprofit and Voluntary Sector Quarterly*, Vol. 18, No. 4, 1989.

以，当组织之间能取得各自所需的人力、财力、物力、资讯与正当性等资源，从而形成资源的互惠与互补时，合作关系也较易形成。非营利组织需要政府的财源、资讯、政治支持、正当性与渠道，而政府需要非营利组织的服务能力、资讯、政治支持与正当性。

过去的经济理论与网络交换理论，从利益动机的视角出发来解释政府与非营利组织之间合作关系的建立。这些理论在强调经济因素的同时，却忽略了社会因素的影响。研究证实，社会因素比经济因素能发挥更大的影响力。这些社会因素包括有经验与能力的核心人士或组织；能够发挥网络链接与协调的功能；以协调与整合多边组织的行动和力量；建立彼此间的合作关系等。特别是有经验的核心人士或组织、彼此的真诚皆是政府与非营利组织成功合作的关键要素。[1] 因此，政府与非营利组织之间应培养互动关系，建立彼此的信任，发展对彼此运作方式的理解。

对于合作关系建立的条件要素，学者们从不同的视角进行过深入探索。考恩霍文（V. Kouwenhoven）提出公私合作关系形成的过程需要互信互赖、明确而具体的目标与策略、明确的成本、明确的权利义务规范、分阶段的执行计划、事先充分的冲突防范、合法性、保障各部门的利益与权利、充分的支援与社会控制、企业和市场导向的思考与行动、内部地位对等诸多条件的配合。[2] 谢瑞特·肯（Cherrett Ken）认为公私合作关系需要高层的承诺与效劳意愿、公开与信赖、明确的共同目标、长期关系、积极行动、全面品质管理、合作、弹性、纪律、持续评估与及时回应等要素的相互配合。[3]

---

① Mary, M. S. "Successful Collaboration Between the Nonprofit and Public Sectors", *Nonprofit Management & Leadership*, Vol. 14, No. 1, 2003.

② V. Kouwenhoven. "The Risk of the Public-Private Partnership: A Model for the Management of Public-PrivateCooperation", In J. Kooiman (ed.), *Modern Governance*, London: Sage Press, 1993, pp. 119 - 130.

③ Cherrett Ken. "Gaining Competitive Advantage through Partnering", *Australian Journal of Public Administration*, Vol. 53, No. 2, 1994.

孙本初认为，公私部门合作的成功要件包括共同目标的明确、高层首长的承诺、开放性与信任、积极回应性、形式与方案需具弹性、一起努力合作、公平公正性、良好的沟通、多元目标的发展、具有危机意识、彼此权责明确、全面品质的管理、高度参与意识、伦理与效能兼顾、公开交流咨询、长期合作关系、形塑共同愿景等17个要素。①

学者汪锦军根据各个要素的影响层次，提出政府与非营利组织合作的"三层次条件"。第一，逻辑条件。在抽象与理论层次，回答政府与非营利组织为什么能够合作这一问题，主要的合作要素为共同目标与组织资源优势；第二，环境条件。从不同环境下政府与非营利组织的差异，回答二者为什么在某些国家或地区更容易合作的问题。主要的合作条件要素有制度环境与组织身份；第三，操作条件。在微观个体的政府与非营利组织之间，回答二者如何才能产生合作行为的问题。主要的合作条件要素包括建立合作意愿、增进双方信任、推进双方的沟通协调等。②

综上所述，关于政府与非营利组织合作关系形成的条件要素，诸多学者从多元理论的视角提出了富有张力的论述。这些论述提醒我们，没有哪一个单一的理论可以充分解释合作关系的复杂性，但是，组织间的信任以及资源的相互依赖，却是最为学者们所共同关注的核心要素。

当富有张力的理论建构投射到复杂的现实情境中时，本书却发现并没有哪一个单一的理论可以充分解释"上海社工灾后重建服务团"合作关系建立的复杂性。在文献资料研究和个别访谈的基础上，本书将"上海社工灾后重建服务团"合作关系建立的关键要素归纳为环境要素、专业要素和组织要素三大类别。其中，环境要素

---

① 孙本初、郭昇勋：《公私部门合伙理论与成功要件之探讨》，《考铨季刊》2000年第4期。

② 汪锦军：《政府与非营利组织合作的条件：三层次的分析框架》，《浙江社会科学》2012年第11期。

包括灾难环境与制度环境；专业要素包括社会工作的专业使命和灾难救助目标；组织要素包括核心的网络开拓者、组织间的信任与资源的相互依赖。

第二节　服务团合作关系建立之环境要素

社会工作特别强调"人在情境中"的理念。个人的生理、心理以及行为皆受外在环境的影响，并随着环境的变化以及与环境的互动过程而改变。灾害的特殊情境不仅仅影响着单个个体，在一定程度上，亦影响和改变着群体性特征。

一　"灾难共同体"形塑的集体利他主义情境

"5·12"地震不仅给受灾地区带来了明显的灾难，同时，也对非受灾地区产生了较大的冲击，造成了非受灾地区社会成员的心理和行动的改变。其中一个非常明显的现象就是利他主义意识的迅速升温，并由此引发的救灾物资的大量汇聚以及志愿性救援行动的大量涌现。在5月12日下午灾情发生之后的一段时间内，在没有上级动员、没有文件通知，甚至没有被许可的情况下，来自社会各个领域的组织、人员、物资迅速汇聚。短短三个月，民间就募集了700多亿元人民币的善款和物资，有近300多万人作为志愿者参与了救援，1000多万名志愿者在后方服务，300多个社会组织主动参与了救灾和灾后重建。①

为什么灾难发生后，社会中的利他主义会特别明显？学者韦格纳·丹尼斯等（Wegner Dennis & James Thomas）认为，在自然灾害之类的共识性危机中，因为社会成员感受到了社会体系所受到的外力的威胁，并且体会到了有明显的问题亟须解决，所以会产生众志

---

① 何道峰：《5·12行动启示录——汶川大地震社会响应研究丛书（丛书总序）》，北京大学出版社2009年版，第1页。

成城的情绪。具体表现在社会隔离的消除、利他性规范的显现，以及公民角色的扩张与社区认同感的增强等外显特征上。[①] 但是，这种利他主义的特点往往是短暂的，会随着社会对该灾难的关注度的减少而逐渐消失。

在笔者访谈的过程中，这种集体利他主义的情结亦比较浓厚。

> 在 5·12 这样的大地震面前，参加上海市民政局组织的灾后重建服务团，说实话，当时的第一反应就是觉得应该参加，这不仅是因为自己是社工专业的老师，就是作为一名普通的老百姓，在那种情况下，心里也是非常希望能够为受灾居民提供自己力所能及的服务……（访谈对象 S）

因"灾难共同体"而产生的集体利他主义情结是"上海社工灾后重建服务团"得以建立的环境要素。

二　高层领导认可与对口援建的制度环境

高层领导的认可与对口援建的制度为服务团的整体性介入提供了制度保障。

一般而言，组织成员之间的合作需要经上级领导的认可才能有所依据，即便组织成员是在其职权范围内、拥有高度的自由裁量权，但实际上，仍需要上级领导直接的同意与支持，组织成员才能够比较放心地执行，而且更愿意效劳。因此，建立合作伙伴关系时，不论几个组织合作，均需要有高层级领导的承认与支持。[②]

---

① Wegner Dennis. & James Thomas, "The Convergence of Volunteers in a Consensus Crisis: The Case of the 1985 Mexico City Earthquake", in Russell Dynes & Kathleen Tierney (eds.), *Disaster, Collective Behavior, and Social Organization. Newark*, Delaware: University of Delaware Press, 1994, pp. 231 - 232.

② 孙本初、郭昇勋:《公私部门合伙理论与成功要件之探讨》,《考铨季刊》2000 年第 4 期。

从中观层面分析，"上海社工灾后重建服务团"在成立之初，其首要任务就是通过获得高层级领导的承认与支持，以获得集体性参与灾后救援的"合法性身份"。为了获得高层领导的认可与支持，上海社工服务团主要采取了以下路径：第一，获得上海市政府的认可。2008 年 5 月 15 日晚，上海市民政局向上海市政府提出"关于组建'上海社工灾区援助团'的请示"，希望将灾后社工服务纳入市政府派出的专业救灾团队管理范围；2008 年 5 月 16 日上午，胡延照副市长在市民政局的请示上做了重要批示：心理慰藉是救灾后预防工作的重要方面，上海应有所作为。第二，获得民政部支持。2008 年 5 月 16 日晚，上海市民政局向民政部办公厅报送"赴灾区开展灾后需求评估"的请示；2008 年 5 月 17 日，民政部向国办专报了"上海社工灾区援助团"专家先遣团将赴四川绵阳开展社会工作服务需求评估的信息；2008 年 5 月 18 日，国办《昨日要情》摘要采用了上海社工灾区援助团赴绵阳灾区开展社会工作服务的有关信息。第三，获得受灾地区领导的支持。2008 年 5 月 18 日下午，民政部副部长罗平飞专门批示四川省民政厅，要求给予上海社工灾后服务团大力支持。

从宏观层面分析，"5·12"地震发生后，中央政府第一时间启动了全民紧急响应机制。2008 年 6 月 11 日，国务院印发了《汶川地震灾后恢复重建对口支援方案》，确定东部、中部地区 19 个省市作为援助方，援助四川省 18 个县市及甘肃、陕西等受灾严重地区进行灾后恢复重建工作。① 其中，上海负责对口援助四川省都江堰市，并成立上海市对口支援都江堰市灾后重建指挥部。

获得不同层级领导的认可以及灾区当地政府的支持，并且在中央对口援建制度的大背景下，为上海社工灾后重建服务团整体性进驻都江堰并开展持续性服务营造了合法性的制度环境。

---

① 新华网：《汶川地震灾后恢复重建对口支援方案》，2008 年 6 月。http：//news. xinhua-net. com/politics/2008 – 06/18/content_ 8391394. htm. 上网日期：2010 年 10 月 10 日。

第三节 服务团合作关系建立之专业要素

社会工作参与灾难救援的专业伦理和职业使命是合作关系建立的前提，而灾害社会工作的功能目标则为后期合作关系的维系提供了专业的指引。

一 社会工作专业价值使命的推动

面对"5·12"汶川地震这样的巨灾，社会工作专业价值中"对弱势人群关怀"的专业使命被凸显、放大，社会工作的专业行动效果（即社工专业在灾难情境中发挥功能）也被业内外所期待。社会工作院系的师生以及社会工作实务机构的一线社工们自认为参与灾后救援是义不容辞的责任。

> 地震发生之后，作为社工系的老师，我们肯定是要有所行动的，这与社工专业的价值使命和发展源起是相呼应的。当时正好上海市民政局在组织社工灾后救援的活动，所以我们（社工）系就积极参与了。不过，即使当时上海市民政局不组织，我们（社工）系也会通过其他渠道来参与这次灾后救援的，比如，当时我们可能就会参加中国社工协会组织的相关活动……（访谈对象S）

> 我觉得我们当时之所以响应民政局的号召参与灾后救援，第一，可能还是从专业使命的角度出发吧。你是学这个专业的，现在国家和灾区人民都碰到了很大的问题，而且社工专业在这方面应该是有所作为的，所以，专业的使命就要让你必须去做的；第二，其实是个公民责任的问题。2008年是非常特殊的，全国人民都在想着要做些事情，这是非常关键的因素。从我们社工系的专业地位来说，我们觉得学校也是个大公民，从学校这个大公民来讲，我们也觉得我们必须要做些事情。作

为普通公民，可能觉得只要捐一些钱就可以了，可是从专业的角度，我们处在专业的高地，我们觉得应该更进一步去开展一些服务。我觉得这是最基本的素质吧。其他的倒是真考虑不多，比如说涉及什么专业建设啊、教学研究啊，至少我们当时是没有考虑这些东西的。其实很多人都很怀念 2008 年，因为 2008 年是做慈善最朴素的一年，没有很多功利的东西在里面，大家（包括学院的老师、学生以及那些报名的志愿者）其实就是想做点事情。所有的一切其实都源自"人之初"最原始的善本能的驱动……（访谈对象 W）

　　而上海市民政局作为灾害救助的主要公职部门之一，在回应民众对其政治期待的同时，必然需要从官僚理性的角度出发，考虑如何以组织化的行动紧急动员足够多的相关资源进行灾后救援服务。其中，除了物资资源的动员整合之外，"社会工作"的福利服务输送亦是上海市民政局的重要职能之一。

　　当时我们这几家机构之所以能够快速组织起来，其中一个关键因素就是"社会工作专业共同体"的聚合效应。就高校的三家社工系（华东理工社工系、复旦大学社工系、上海师范大学社工系）和浦东社工协会来说，作为社工的专业学术机构和实务机构，一起合作是理所当然的。就上海市民政局来说，从社会工作专业角度分析，在中国"民政工作就是具有中国特色的社会工作"（这是著名社会学家雷洁琼的话语）。这种理念和意识大家都是认同和接受的，所以，其实我们这几家机构从专业的本质和专业职能来说是相通的……（访谈对象 Z）

二　灾害社会工作救援目标的达成

国际灾害社会工作的功能与目标可综合性地概括为为那些处境不利和容易受到伤害的人群提供所需的资源；预防严重的身心伤

害后果；将个人与资源系统连接起来；将不同的资源系统连接起来，使他们更容易被受灾人群所获得；改变微观和宏观系统，从而促进受灾群众福利的改善。其中，资源体系的开发与联结，以及对弱势人群的关怀，是社会工作者最被期待的两大任务。①

但是对于刚刚起步的中国社会工作来说，灾难的介入服务是一项崭新的议题。就上海社工界来说，虽然"灾难共同体"和"专业共同体"使社工学术界、实务界与行政界能够聚集在一起，但是面对灾区的不确定性和复杂性，在专业服务能力不足的情况下，"社会工作者到底应该做什么""社会工作者在灾区又能够做到什么程度"成为合作组织面临的共同难题。功能目标的困境，直接考问着服务团存在的必要性的深层逻辑。

因此，在"上海市社工灾后重建服务团"成立之初，为了深入了解灾区的服务需求，准确制定服务目标，上海市民政局派遣了一支由沪、港、台三地专家组成的专家先遣队（评估小组）先行进入灾区进行需求评估。专家先遣队由香港社会工作人员协会、香港青年协会、香港基督教服务处的资深社会工作者，以及华东理工大学、上海师范大学等高校的社会工作教师，上海市民政局、上海市社会工作者协会的有关人员组成。通过初步的需求评估，服务团确定了以下的预期服务目标。

（一）近期目标

安抚灾区群众情绪，消除彼此的陌生和隔阂；传递相关信息，传授相关技能，增强群众自救的信心和能力；重建社会关系，包括家庭关系、邻里关系、社区关系、政民关系等；增强现有组织的活动能力，培育相关的群众自治组织和社会服务组织，培训当地的社会工作人员；从社会工作专业视角为当地政府开展抗震救灾工作和社会政策的制定提出合理化建议等。近期目标需在六个

---

① Zakour, M. J. , " Disaster Research in Social Work", *Journal of Social Service Research*, Vol. 22, No. 1/2, 1996.

月内达成。

（二）远期目标

增强安置点群众自救的信心；协助受灾居民在争取资源、对外协调联络等方面的能力得到加强；各类自助、互助的社会组织得到健全；当地社工自我运作能力得到强化；社区参与、社区共融的意识得到进一步强化；为灾区群众回归故乡、重建家园做好思想准备和物资准备。远期目标的达成为两年至三年时间，至临时安置点居民全部撤出为止。①

在上述整体性服务目标方面，四支服务队与上海市民政局基本上都达成了共识。整体服务目标的达成，为"上海社工灾后重建服务团"的参与者们提供了较为清晰的合作方向和合作愿景，也为日后的合作行动提供了指导和参考。这是合作关系能够顺利建立和持续维系的必要条件之一。但是，这里所要强调的是，就具体目标而言，服务团的整体目标与每支服务队的具体目标不尽相同。服务队彼此之间在具体目标方面的差异是在后期服务过程中产生分歧和矛盾的重要原因，这一点在本书的第六章将做进一步分析。

第四节　服务团合作关系建立之组织要素

"灾难共同体"和"专业共同体"为上海市民政局与其他几家非营利社工组织提供了一个联手合作的可能性，这种可能性如何转变为现实，还需要从理性的视角对组织间的优势和劣势进行分析。

一　核心人士成功扮演网络开拓者的角色

组织间合作关系的建立能否成功，需要看个人与组织能否担负起网络开拓者（network spanner）的角色。当有意愿合作的组织之间出现了具有管理与建立组织关系能力的网络开拓者时，组织间的

---

① 上海市社会工作者协会：《上海社工灾后重建服务团工作报告》，2008 年 11 月。

合作关系与整体协调才有可能成功。^①

美国的"9·11事件"与"卡特里娜"风灾的救灾经验，充分印证了网络开拓者在合作关系建立过程中的重要作用。美国的"9·11事件"发生之后，纽约市政府通过非营利组织联络目录找出了灾难救助的各专业领域的领导者，快速建立了组织协调平台——"纽约市长自愿行动中心办公室"（New York Mayor's Voluntary Action Center's office，以下简称 MVAC），并在美国联邦应急管理署（Federal Emergency Management Agency，以下简称 FEMA）所召开的资讯汇报中，进行组织间资讯的交流与分享，形成了资讯交流平台。在此过程中，纽约市政府成功扮演了网络开拓者的角色。^②相比较之下，"卡特里娜"风灾则是政府与非营利组织合作关系建构上相当失败的案例。在"卡特里娜"飓风造成灾难之后，行政部门发生了行政失灵的现象，各层级的政府对于灾难未能做出及时回应。在灾难救助上，政府也未发展出一个有效整合的架构来整合不同的服务团体，原本应扮演官方整合者角色的美国联邦应急管理署（FEMA）也未能将民间救灾组织进行整合，而让这些组织自行整合，导致救灾现场混乱失序。^③ 这两个案例非常明显地证明了在建立协调合作的平台时，若没有一个组织或个人扮演组织间整合者的角色，各个救灾组织的救灾能量将难以汇聚成集体的行动与力量。

"上海社工灾后重建服务团"成功建立的核心要素之一，即上海市民政局的主要领导者扮演了关键的网络开拓者的角色。

> 合作的最关键因素，我觉得还是组织者很重要，特别是权威性的组织者。就上海来说，当时的上海市民政局发挥了

① Thomson, A. M. & J. L. Perry, "Collaboration Processes: Inside the Black Boxes", *Public Administration Review*, Vol. 66, 2006.

② Kapucu, N., "Public-Nonprofit Partnerships for Collective Action in Dynamic Contexts of Emergencies", *Public Administration*, Vol. 84, No. 1, 2006.

③ Eikenberry, A. M., V. Arroyave & T. Cooper, "Administrative Failure and the International NGO Response to Hurricane Katrina", *Public Administration Review*, Vol. 67, 2007.

非常重要的协调和牵头的作用。特别是服务团刚开始成立的
时候，民政局做得比较成功的地方，就是做好幕后的支持工
作，把社工协会作为专业团体推到前台，与各个服务队进行
协调，这样可以打破体制上的限制。因为上海市民政局直接
领导各个高校是行不通的。但是从专业的角度来说，上海社
工协会是社会工作的专业联盟，这样可以很顺畅地与各个高
校联系。第二就是此次合作过程中，关键性的人物很重要，
说句实话，当初因为民政局××局长强烈的社工专业意识，
因为她懂社工，她非常想推动社工，而且她处在关键性的领
导岗位，所以能够在第一时间邀请各方的社工组织机构成立
上海社工服务团。假设当初没有这样一个有社工意识的领导
的强力推动，"上海社工灾后重建服务团"很有可能就无法成
立、成行……（访谈对象 J）

　　从《上海社工灾后重建服务团报告》中我们也可以看出，5 月
12 日汶川大地震发生之后，5 月 13 日，上海市民政局局长立即邀
请复旦大学、华东理工大学、上海师范大学、上海市社区青少年事
务办公室、上海市社会工作者协会、浦东新区社会工作者协会、上
海市阳光社区青少年事务中心以及市民政局救灾救济处等有关单位
和部门的专家、学者和领导召开紧急会议，一起研讨社会工作介入
"5·12"灾后服务的可行性与必要性；5 月 15 日晚，上海市民政
局向上海市政府提出《上海市民政局关于组建"上海社工灾区援助
团"的请示》。在此过程中，上海市民政局的主要领导者不仅展示
了社会工作者的"专业敏感性"，同时，亦展现了行政领导者强烈
的"合作意识"，他们充分扮演了有经验的核心人士的网络开拓者
角色，以及上海市民政局官方整合者的角色。

二　组织间的信任基础

诸多研究认为，信任是组织间能够建立合作关系的基础。信任

关系的建立不仅能促进组织间的合作、稳定合作关系的持续，亦可
以提升组织合作的成效。对于组织间信任关系形成与强化的原因，
学者纳依姆·卡普初（Naim Kapucu）认为，组织之间过去是否已
经发展出社会网络基础并建立起彼此的信任，是合作关系能否顺利
形成的关键因素。特别是在灾难情境下，若组织之间先前已经具有
了社会网络的基础，组织间的信任则较容易建立，这对于灾害时的
集体行动有非常大的帮助。① 但是在组织的信任关系建立之后，组
织间信任的基础就会由原先的社会网络逐渐走向规范化的过程，由
原本人际的社会网络关系转向组织间契约关系的建构。契约关系的
建构不仅可以强化组织间的互信，也可以防止个别组织的投机行
为，并增强其对合作组织的控制。②

    "上海社工灾后重建服务团"之所以能够如此快速地成立，与
平时这些机构的核心领导者之间已经具有的社会联系密不可分。事
实上，在灾害没有发生之前，上海市民政局就一直承担着上海社会
工作职业化、专业化的"行政推动者"的角色。而上海社工学术
界、实务界的核心人物，在一定程度上则扮演着上海市民政局在推
动社会工作专业化、职业化过程中的"专家智囊"的角色。在此过
程中，上海市民政局的行政领导势必要与上述其他几家社工机构和
社工院系的专业负责人发生较多的社会互动与联系。平时较为频繁
和持续的沟通互动所形成的信任关系，为"5·12"汶川大地震后
上海市民政局与社会工作院系、社会工作实务机构之间能够迅速沟
通协调并建立合作关系奠定了基础。

    在服务团运作的过程中，笔者也观察到了这种信任关系建立的
基础由原先的人际社会关系网络发展为规范化的组织契约关系的转

---

① Kapucu, N., "Public-Nonprofit Partnerships for Collective Action in Dynamic Contexts of E-mergencies", *Public Administration*, Vol. 84, No. 1, 2006.

② Vlaar, P. W., F. A. J. Van den Bosch & H. W. Volberda, "On the Evolution of Trust, Distrust, and Formal Coordination and Control in Inter-organizational Relationships", *Group and Organization Management*, Vol. 32, No. 4, 2007.

变过程。在首次进驻都江堰安置社区开展服务之前，四支服务队分别与服务团团部（以社工协会为代表）签署了"上海社工服务团合作协议书"，以明确彼此的职责分工与服务经费的分担方式，确保合作关系规范化。此外，服务团还制定了《联席会议制度》《信息报送制度》等，希望远在都江堰的四支服务队能够与上海的服务团团部及上海市民政局之间进行充分的信息分享和沟通互动。组织间规范化的契约关系进一步强化了上海市民政局与四支服务队之间的合作关系。

三　组织间的资源依赖与整合

如前所述，在巨灾面前，没有哪一个组织能够拥有灾后救援所需的所有资源。组织在资源无法自给自足的情况下，必然会与环境中的其他组织产生依赖关系。在灾后救援的过程中，政府需要社会工作非营利组织的人力资源与专业服务，而社会工作非营利组织则需要政府的行政资源与物资资源等。所以，资源依赖与整合成为合作关系建立的关键要素。这里的资源包括人力资源、物资资源、资讯资源、行政资源以及专业知识、服务输送等。

（一）行政资源方面

上海市民政局为四支服务队争取到了进驻都江堰开展灾后服务的"合法身份"。

服务团作为灾后临时组成的一个非正式组织，因为是临时性组织，没有正式登记注册，在参与灾后救援的过程中，服务团面临的首要问题也是最大问题，就是"身份的合法性"问题。

在当时紧急的情境之下，要取得合法参与灾后救援的"通行证"，最快最有效的捷径就是获得上级行政领导的承认和支持。面对这一难题，"2008年5月15日晚，上海市民政局向上海市政府请示组建服务团，并希望纳入市政府派出的专业救灾团队范围管理；2008年5月16日上午，政府批示同意。由此社工服务团取得了灾后救援的合法身份。2008年5月16日，上海市民政局向民政部办公厅报送组建社工服务团的信息；2008 年 5 月 18 日，民政部批示四川省民政厅，要求给予上海社工灾后重建服务团大力支持"①。至此，上海市民政局通过直接上报上海市政府及国家民政部的方式来获得支持和认可。有了上海市政府的认可和国家民政部的支持，"上海社工灾后重建服务团"的四支服务队取得了进驻都江堰开展灾后服务的合法身份，以及作为"外来组织"取信于当地政府和社区灾民的政治标签。上海市民政局利用其特有的"行政资源"协助"上海社工灾后重建服务团"被纳入"上海市对口援助都江堰专业救灾团队"的范围管理，为服务团争取到了参与灾后救援的"合法身份"。

此外，领导的承认与认可增加了社会工作机构和社会工作者的参与动力，激发了其更大的参与热情。

（二）物资资源方面

上海市民政局通过直接拨付和间接支持的方式，为服务团提供了数额较大的经费支持，这些经费主要用于支付服务队队员往返都江堰的交通费以及队员的服装、设备等物资；而四支服务队也通过各种渠道筹集到了服务队在灾区开展服务的生活经费和工作经费。此外，上海市民政局通过与都江堰市民政局沟通交流，为四支服务队在安置社区提供了一定数量的板房、办公设备设施等，用于社工临时日常办公及服务活动的开展。

（三）人力资源方面

四支服务队是服务团开展一线服务最主要的人力资源。在为期6 个月的直接服务过程中（直接服务从 2008 年 6 月 25 日开始，截至 2008 年 12 月最后一支服务队撤离都江堰），"上海社工灾后重建服务团"共有 29 批计 238 人次进驻灾区开展服务，其中，华东理工大学服务队 10 批 92 人次，浦东社工服务队 6 批 49 人次，阳光·上师大服务队 6 批 44 人次，复旦大学服务队 7 批 53 人次。在进驻

---

① 上海市社会工作者协会：《上海社工灾后重建服务团工作报告》，2008 年 11 月。

安置社区之后，四支服务队通过持续专业的社工服务，在灾民心理情绪支持、救灾资源协调和挖掘、灾民能力促进、灾后社区关系修复与重建、促进新社区整合、提供信息咨询等方面发挥着重要的作用。从以上人数可以看出，四支服务队是整个服务团最主要的一线社工服务人力资源的来源。对于工作人员数量有限的上海民政局来说，这无疑是一个很好的补充。同时，这也意味着四支服务队也是此次灾后重建服务最主要的服务输送者。

综上所述，上海社工实务界、学术界以及行政界形成合作关系的要素可以归纳为三大类七要素。

第一是环境要素。其一是情境要素："5·12"巨灾的强烈冲击在整个社会中形成的浓烈的"灾难共同体"意识以及集体利他主义情结是合作关系建立的情境要素；其二是制度环境：上海市政府、国家民政部的认可与支持，以及"对口援建制度"的出台，则为合作关系的建立提供了重要的制度环境。

第二是专业要素。其一是专业使命的召唤：在"5·12"巨灾的环境背景下，社会工作服务弱势人群的专业使命被凸显、放大，参与灾难救援的职能成为社会工作实务界、学术界义不容辞的责任。从官僚理性的角度出发，上海市民政局作为灾害救助的主要公共部门之一，"社会工作"的福利服务输送亦成为上海市民政局需要整合调动的重要职能之一；其二是救灾目标的达成：在"民政工作就是具有中国特色的社会工作"的语境中所形成的"专业共同体"情境的推动下，上海市民政局与其他几家社工机构（学术机构与实务机构）能够彼此认同，在此基础上通过初步的评估调研，形成了"灾害社会工作"的服务目标，作为合作参与者之间的目标指引和行动指南。

第三是组织要素。其一是核心人士所扮演的网络开拓者角色：在地震发生之后，上海市民政局主要领导不仅展示了社会工作者的"专业敏感性"，同时，亦展现了行政领导者强烈的"合作意识"，他们充分扮演了有经验的核心人士的网络开拓者角色，以及上海市民政局官方整合者的角色；其二是组织间的信任：在"5·12"震灾发生之前，上海市民政局与其他几家社工非营利组织的相关负责人之间就有较为密切的人际社会关系网络互动，即有一定的信任基础。服务团成立之后，相关规章制度的确立进一步将这种人际间的信任关系转化为规范化的组织间的契约关系，从而强化了组织间的信任关系；其三是组织间的资源依赖与整合：在灾后救援的过程中，上海市民政局需要社会工作非营利组织的人力资源与专业服务，而社会工作学术组织和实务组织则需要政府的行政资源与物资资源。所以，资源的依赖与整合成为合作关系建立的关键要素。

上述合作关系建立的关键要素归纳如表 3-1 所示。

表 3-1　"上海社工灾后重建服务团"合作关系建立的关键要素

要素类型	要素内容		政府 （上海市民政局）	非营利组织 （四支服务队）
环境要素	灾难环境		"灾难共同体"所形塑的集体利他主义情境	
	制度环境		上海市政府、国家民政部的认可与支持 中央层面的对口援建制度	
专业要素	灾害社会工作的专业使命		社会工作对弱势人口群的关注 民政工作就是具有中国特色的社会工作	
	灾后救援目标的达成		灾害社会工作的目标（近期目标与远期目标）	
组织要素	网络开拓者		上海市民政局的核心人士成功扮演了网络开拓者的角色	
	组织间的信任		合作关系建立前已经具有的个人间社会网络关系 合作关系建立后形成较为规范的组织间契约关系	
	组织间资源相互依赖	行政资源	合法身份争取者	协助争取者
		物资资源	负责四支服务队工作人员的服装、交通、服务设备等费用	负责服务队工作人员在地服务的生活费和活动费
		人力资源	主要负责服务团的行政工作	灾后服务的主要输送者和直接服务者

第 四 章

跨部门合作的关系模型

在灾害社会工作服务目标的引领下，着眼于各自的资源与优势，"上海社工灾后重建服务团"顺利成立。服务团成立之后，不同的参与组织之间以怎样的方式进行交流、互动？服务团的组织架构如何？服务团中包含的几家机构在人力资源、行政资源、物资资源等方面是通过怎样的方式进行合作与分享的？这样的合作方式能够实现真正意义上的政府与非营利组织间的"平等合作关系"吗？本章在梳理政府与非营利组织互动模式类型的基础上，对"上海社工灾后重建服务团"的组织架构和互动过程进行了深入分析，以期在回答上述疑问的同时，归纳出"上海社工灾后重建服务团"的合作关系模型。

第一节　跨部门合作关系的理论模型

学者在对政府与非营利组织合作关系模型的解释与阐述中，其中的理论建构所依据的分析变量不同，得出的合作关系类型亦不同。

一　合作关系模型的理论分类

（一）根据"经费提供"和"服务输送"两个面向的分类

根据"服务的财务与授权"与"实际的服务传送者"两个面向，可以将政府与非营利组织间的互动关系分为政府主导模式、双

元模式、合作模式以及第三部门主导模式四种类型。^①

政府主导模式：政府扮演经费提供者以及公共服务执行者的双重角色，非营利组织处于边缘地带。

双元模式：政府与非营利组织同时扮演经费提供者及公共服务执行者的角色，两者之间没有经费上的交集，相互独立且有各自提供服务的领域。在此情形下，非营利组织与政府处于平行的竞争状态。

合作模式：政府提供经费，非营利组织负责执行公共服务的提供。该模式的重点在于两者在公共服务流程中具有合作且紧密的关系。依两者角色的不同，可分为"合作供销"模式（collective-vendor model）及"伙伴模式"（collective-partnership model）。"合作供销模式"是指政府部门扮演上游福利决策者角色与经费资源的供给者，非营利部门担任下游执行者的角色，直接面对服务对象的需求；而"伙伴模式"是指在服务内容、范围、资源配置、服务输送等层面，非营利部门可以与政府共同讨论研究，非营利部门不仅在于扮演直接服务的角色，而且可以发挥影响力来参与政府福利决策。

第三部门主导模式：非营利组织同时扮演资金提供者和服务输送者的角色，不受政府提供经费的限制，根据服务对象的需求自主提供服务。

上述分类模式如表 4-1 所示。

表 4-1　政府与非营利组织互动关系模型（经费提供与服务输送）

功能	模式			
	政府主导模式	双元模式	合作模式	第三部门主导模式
经费提供	政府	政府 非营利组织	政府	非营利组织
服务输送	政府	政府 非营利组织	非营利组织	非营利组织

---

① Gidron, B., R. M. Kramer & L. M. Salamon, *Government and the Third Sector: Emerging Relationship in Welfare States*, San Francisco: Jossey-Bass Press, 1992, p. 18.

（二）根据资源分享、沟通正式化程度等要素分类

为了能够更细致地分析互动关系，学者詹妮弗·科斯顿（Jennifer M. Coston）选择从微观的组织层面来分析政府与非营利组织的互动关系类型。其根据政府对制度多元性的接受或抗拒程度、政府与非营利组织的关联性、权力关系的相对性、正式化的程度、政府立场的中立程度以及其他特别形式6个面向，将政府与非营利组织的互动关系分为8种模式：压制、敌对、竞争、契约、第三者政府、合作、互补以及协作（见表4–2）。①

表4–2　　　　　　Coston 的政府—非营利组织合作关系模型

类型	内涵
压制（repression）	1. 政府抗拒制度的多元性 2. NGO 与政府没有关联性 3. 不平衡的权力关系，政府占有权力的优势 4. 以正式（法规）或非正式（沟通）形式互动 5. 政府立场：对 NGO 的发展持反对态度（剥夺 NGO 的权利或特别权益） 6. 政府可能会拒绝 NGO 提供公共服务 7. 政府与 NGO 是单向的互动关系
敌对（rivalry）	1. 政府抗拒制度的多元性 2. NGO 与政府没有关联性 3. 不平衡的权力关系，政府占有权力的优势 4. 以正式（法规）或非正式（沟通）形式互动 5. 政府立场：对 NGO 的发展持反对态度（对委托 NGO 的过程进行规范或限制） 6. 政府可能对 NGO 提供公共服务采取冷漠态度 7. 政府与 NGO 可能会有双向的互动关系

① Jennifer M. Coston, "A Model and Typology of Government-NGO Relationships", *Nonprofit and Voluntary Sector Quarterly*, Vol. 27, No. 3, 1998.

续表

类型	内涵
竞争 （competition）	1. 政府抗拒制度的多元性 2. NGO 与政府没有关联性 3. 不平衡的权力关系，政府占有权力的优势 4. 政府与 NGO 有非正式的互动关系 （一种从作业层次互动中所衍生的关系，并不是正式的政策互动关系） 5. 政府立场：对 NGO 的发展持反对或中立的态度 6. 政治层面：NGO 被批评为是多余的，NGO 或是地方政府的竞争者 7. 经济层面：NGO 与政府竞争国外捐赠的基金/NGO 对社区有实质贡献 8. 潜在利益：NGO 对公民的需求有较高的回应性及课责性
契约 （contracting）	1. 政府接受制度的多元性 2. NGO 与政府有中度或高度的关联性 3. 不平衡的权力关系，政府在 NGO 渐增的影响力中还占有权力的优势 4. 政府与 NGO 有正式的互动关系：采取契约作为政策工具 5. 政府立场：根据 NGO 的业务内容采取权变的政策工具 6. 政府与 NGO 根据比较利益来进行业务人力分工 7. 双方的互动关系会对 NGO 有潜在的负面结果 8. 互动会模糊部门之间的界限
第三者政府 （third-party government）	1. 政府接受制度的多元性 2. NGO 与政府有中度或高度的关联性 3. 不平衡的权力关系，政府在 NGO 渐增的影响力中还占有权力的优势 4. NGO 有较多的裁量权 5. 政府与 NGO 有正式的互动关系 6. 政府立场：根据 NGO 的业务内容采取权变的政策工具 7. 政府与 NGO 根据比较利益来进行业务人力分工 8. 双方的互动关系会对 NGO 有潜在的负面结果 9. 此互动关系较契约外包有更大的多元歧异性

续表

类型	内涵
合作 （cooperation）	1. 政府接受制度的多元性 2. NGO 与政府有较低的关联性 3. NGO 拥有更高的影响力 4. 政府与 NGO 有非正式的互动关系 5. 政府立场：对 NGO 的发展持中立的态度 6. 双方呈资讯的分享关系
互补 （complementarity）	1. 政府接受制度的多元性 2. NGO 与政府有中度或高度的关联性 3. 平衡的权力关系：NGO 具有高度的自主性 4. 政府与 NGO 有相对高的非正式互动关系 5. 政府立场：对 NGO 只有非决定性的力量 6. 双方是资源分享的关系 7. NGO 能潜在地参与政府计划或政策 8. 双方根据比较利益互动 9. 双方的互动具有相互利益：相对都对另一部门有贡献 10. NGO 具有合法性并且政府承认其角色 11. 政府与 NGO 有技术性、财务性以及地区性的互补关系 12. 互补的种类：慈善事业、中介业务、补助
协作 （collaboration）	1. 政府接受制度的多元性 2. NGO 与政府有高度的关联性 3. 平衡的权力关系：NGO 具有高度的自主性 4. 双方是正式的互动关系 5. 政府立场：政府对 NGO 持正面的态度 6. 双方是资讯的分享关系 7. 双方是资源的分享关系 8. 政府与 NGO 是相互联结的行动 9. NGO 潜在地参与政府的计划或政策 10. 双方根据比较利益来产生合作 11. 合作能产生相互的利益 12. 合作的种类：伙伴关系、相互策略以及合作关系

科斯顿认为，每一种关系模型都有与其相适应的环境条件和组织特征。因此，政府、非营利组织、捐款人以及其他实务工作者可以根据特定的情境脉络，选择其中最有效力的合作模型来推动和促进彼此之间的合作互动。

（三）根据"财务依赖程度"以及"沟通往来程度"进行分类

所谓"沟通往来程度"，指非营利组织与政府之间在互动关系中的沟通方式、频率、接触等层次。"财务依赖程度"指在既定的契约规范条件下，非营利组织依据本身专业所提供的公共服务，受到政府介入与影响的干扰程度。

从"沟通往来程度"以及"财务依赖程度"两个面向，学者库恩勒·施坦等人（Kuhnle Stein & Per Selle）将政府与非营利组织之间的关系分为"整合依附型""分离依附型""整合自主型""分离自主型"四种。① "整合依附型"是指非营利组织所受政府财务支援与介入干扰因素的影响很深，与政府部门间的沟通非常频繁；"分离依附型"是非营利组织受政府财务支援与影响颇深，沟通行为较少；"整合自主型"是指非营利组织与政府部门的沟通频繁，互动方式与层级适当，民间团体的运作相对独立，政府的介入与影响较少；"分离自主型"则指非营利组织财务自主，专业服务的提供完全不受政府介入与影响，与政府部门间的沟通互动情形较少。

具体分类如表4-3所示。

表4-3　　政府与非营利组织互动关系模型（财务依赖程度与沟通往来程度）

财务依赖程度	沟通往来程度	
	亲密	疏离
依赖	整合依附型	分离依附型
独立	整合自主型	分离自主型

① Kunnle Stein & Per Selle, *Government and Voluntary Organizations Relational Perspective*, London: Aldershot Brookfield Press, 1992, pp. 28 – 31.

（四）根据目标与手段的异同进行分类

学者纳吉姆·阿迪尔（Adil Najam）将政府与组织均假定为策略的选择者，它们考量所处的情境（即目标与手段）来行动，而双方在选择了特定的行动之后，就会构成各种不同的互动模式，包括合作、对立、互补以及吸纳等四种模式。[①]

合作模式。合作发生在政府与非营利组织分享共同的价值目标以及具有相同的手段时。即政府与非营利组织通过沟通与互动，共同商议最佳的政策措施，再通过共同的执行来完成政策。这里的合作是指政府与非营利组织在制度多元性、目标共享、分享规则、开诚布公的沟通以及权力对等方面的合作伙伴关系。

对立模式。对立在政府与非营利组织认为彼此间有着不同的价值目标以及相异的手段时发生。"对立"的内涵，包括政府赤裸裸地强加压力于非营利组织，非营利组织公开与政府的政策对抗等。事实上，这种公开或隐晦的对立不断发生在政府与非营利组织的互动过程中。

互补模式。互补在政府与非营利组织虽有共同的价值目标，但却在达成目标的手段上相异时最容易发生。政府与非营利组织相互协调，通过组织所具有的比较利益来有效率地执行政策，如政府具有提供法规、服务经费的功能，而非营利组织具有提供多样化、标准化服务的功能。

吸纳模式。吸纳在政府与非营利组织虽然看似拥有共同的资源或手段，但却在想要达成的目标迥然不同时最容易发生。这种模式反映了发展中国家最常见的政府与非营利组织的互动架构。非营利组织乐观地认为，在与政府分享资源或政策工具的同时便可影响政府的政策过程；或者政府主观地认为，通过资源的提供，便可以笼络非营利组织，使其改变目标来顺从政府的政策。这种模式缺乏长

① Adil Najam, "The Four-C's of Third Sector-Government Relations", *Nonprofit Management and Leadership*, Vol. 10, No. 4, 2000.

久的延续关系，常常是短暂的，直至权力关系确定。

纳吉姆强调研究政府与非营利组织的互动关系应聚焦于双方交互结果的关系类型，而不只是关注一方对另一方的态度。当我们了解了政府与非营利组织的互动关系是"合作""对立""互补""吸纳"四种关系模式的任一可能性时，即知道了两者互动关系的结果是一种策略性的制度选择。

具体的关系模型如表4-4所示。

表4-4　Najam 的政府与非营利组织的 4C 互动关系（目标和手段）

偏好的手段	目标	
	类似	差异
类似	合作（cooperation）模式	吸纳（cooptation）模式
差异	互补（complementarity）模式	对立（confrontation）模式

（五）根据组织认同的高低和相互依赖程度进行分类

詹妮弗·布林克霍夫（Jennifer M. Brinkerhoff）从组织认同感和相互依赖程度的高低区分出四种关系模型：契约关系、合作伙伴关系、延伸性关系、操作性和逐步吞并关系。[1] 组织认同感的评价取决于两个标准：一个是单个的组织应该具有自身的任务、价值和认同组织的支持者，他们应该对组织负责。维持组织认同感就是一个组织在多大程度上与自身的任务、核心价值和支持者保持一致；另一个是从一个更加宽广的制度性角度看，组织认同感也是指对那些可以反映组织类型起源特征的维系与认同。

当非营利组织对自身的组织使命与核心价值有高度的认同时，与政府之间的关系若是高度依赖，则呈现伙伴关系；若是依赖程度不高，则是契约关系。但是当非营利组织对自身的组织使命与核心价值的认同度偏低时，其与政府之间的关系若是低度的互赖关系，

---

[1] Jennifer M. Brinkerhoff. "Government-nonprofit Partnership: A Defining Framework", *Public Administration*, Vol. 22, 2002.

将成为政府的延伸，成为政府的附属角色；其与政府之间的关系若是高度的互赖关系，将进一步使非营利组织逐渐被政府所纳编与逐步吸纳。具体模型如表4-5所示。

表4-5　　　政府与非营利组织关系类型（相互依赖与组织认同）

组织认同	相互依赖性	
	低	高
高	契约关系（contracting）	合作伙伴关系（partnership）
低	延伸性关系 （extension）	操作性和逐步吞并关系 （co-optation & gradual absorption）

在詹妮弗·布林克霍夫的分析架构中，组织的自主性与资源依赖程度是决定政府与非营利组织互动合作类型的两个根本变量。这两个变量的不同组合，构成了政府与非营利组织关系的不同类型。合作的过程意味着资源是依赖的，但合作的前提还是需要非营利组织的身份是独立自主的。

二　分类模型与变量分析

针对多元合作模型的理论论述，孙本初认为，虽然诸多学者均提出多元模式的理论，但是，多数理论的分析焦点仅止于描述政府与非营利组织的互动关系，而未能将模式所涉及的系统因素与互动模式间的关系进行联系。即看似有系统意义的变量，仅仅是多元模式的分类标准，并无法建构出自变量与因变量的因果关系。[①]

从上述政府与非营利组织之间的五种互动关系情形，可以知道政府与非营利组织之间的互动关系可以从政府极端主导控制的情形到完全放任民间自主的现象。很显然，政府极端主导控制的情形与完全放任民间自主的现象都不是合作应有的正常表现。此外，虽然

---

① 孙本初、吴宗宪：《政府与非营利组织互动模式研究之回顾与前瞻》，《研习论坛》2010年第116期。

不同学者在界定合作模式时所参照的分类指标有所不同，但是，其中的资源依赖程度、权力分享程度以及沟通互动程度却是诸多学者所共同关注的要素。

在此，笔者无意重新建构新的分类标准，仅仅希望在理论与实践对话的基础上，总结归纳"上海社工灾后重建服务团"在实际运作过程中的合作互动模式。本书从角色功能、沟通互动以及决策权力等方面，分析和回顾"上海社工灾后重建服务团"的实际互动情况，以期为界定"上海社工灾后重建服务团"的互动模式提供参考指标。

第二节　服务团之运作情形

一　服务团之组织特点

（一）紧急救援组织类型

官僚、僵化的救灾计划在实际灾害发生时，根本无法发挥其作用，唯有一个具有弹性的计划或组织，才可以在复杂的灾后情境中工作。有鉴于此，学者戴维·尼尔等人（David M. Neal & Brenda D. Philips）提出了建构"紧急的人力资源模型"的设想（Emergent Human Resource Model，EHRM）。[①] 该模型通过非官僚的模式、较松散的组织来面对灾难，其中包括了紧急的规范、紧急的社会结构和紧急的团体。紧急的规范，指因灾害所引起的一套新的规则。由于新发生的非体制性的事件使得原有的行事规范必须加以改变，才能符合实际需求；紧急的社会结构，是指当地社会结构所发生的变化，包括当地自发的临时的组织结构的发展与改变。例如，新的劳务分配、新的阶层、新的社会网络与关系；紧急的团体，是指自发性的临时性组织，主要的任务在于满足因灾难所产生的、以往未曾

---

① David M. Neal & Brenda D. Philips, "Effective Emergency Management: Reconsidering the Bureaucratic Approach", *Disaster*, Vol. 19, 1995.

浮现的需求。学者彼得·霍金森和迈克尔·斯图尔特（Peter E. Hodgkinson & Michael Stewart）依据救援组织的目标与结构，将紧急的救援组织分为四个主要类型（见表4－6）。①

表4－6　　　　　　　　　彼得·霍金森的救援组织类型

目标 组织结构	例行性	非例行性
与灾难前结构相同	类型Ⅰ 规范性组织	类型Ⅲ 延伸性组织
新结构	类型Ⅱ 扩充性组织	类型Ⅳ 紧急性组织

　　类型Ⅰ组织为规范性组织。规范性组织在灾害中所承担的任务与平时相同，只是工作量增加。与其他类型的组织相比，其救援工作的目标较为特定，且组织结构较为完整。此外，灾害发生后，规范性组织并不会增加新的工作任务或新的工作成员。此类型组织的代表如专业的医疗团队与救灾团队等。

　　类型Ⅱ组织为扩充性组织。这一类型的组织在灾难发生后会扩充其组织规模以进行救援，并适时转换组织的目标以顺应救援的需求。

　　类型Ⅲ组织为延伸性组织。这一类型的组织于灾难发生后仍保有原来的组织机构，所不同的是，其会因救援需求不同而改变平时的工作目标，甚至涉及平时不熟悉的工作领域，如灾后的心理咨商团队及从事灾后长期重建的非营利组织。

　　类型Ⅳ组织为紧急性组织。这类组织大多数是灾后临时成立的组织，以回应灾民无法被满足的部分需求，如灾难发生后的紧急性资讯传送、紧急疏散与物资分配等。这种类型的组织结构较为松散

---

① Peter E. Hodgkinson & Michael Stewart, *Coping with catastrophe*: *A handbook of disaster management*, London and New York: Routledge Press, 1991, pp. 66 – 67.

且服务目标与平时的工作目标亦不相同。

（二）服务团之组织特点

根据彼得·霍金森和迈克尔·斯图尔特的分类，"上海社工灾后重建服务团"属于灾后临时成立的紧急性组织。作为紧急性组织，服务团本身呈现出任务的临时性、结构的松散性、角色功能的崭新性等特点。此外，服务团还呈现出结构层面的联合性和服务目标的临时性等的特点。

"上海社工灾后重建服务团"的联合性主要体现为该服务团是由上海社会工作学术界（华东理工大学、复旦大学、上海师范大学）、社会工作实务界（上海市社工协会、浦东社工协会及其下属的几家社工实务机构，以及阳光青少年服务中心）以及社会工作行政界（上海市民政局）等多元组织机构的参与而形成的。从组织结构分析，作为一个联合性的组织，新成立的"上海社工灾后重建服务团"内部的组织结构、角色功能、任务分配以及彼此之间的互动方式，与这些机构之前的模式大不相同且呈现出较为松散的格局。

临时性主要是指"上海社工灾后重建服务团"的服务目标具有阶段性和非例行性。从服务目标的阶段性来看，服务团的直接服务时间定为半年，从 2008 年 6 月至 2008 年 12 月。半年之后，这种整体性、直接性的服务模式将结束；从工作目标的非例行性进行分析，无论对于上海市民政局来说，还是对于其他几家社会工作学术机构和实务机构来说，"以社会工作的专业视角协助都江堰市开展灾后重建服务"这样的工作目标，都是崭新的议题，与平时的工作目标并不相同，是非例行性的。

二 服务团之角色功能

在合作互动关系中，组织所处的位置，直接反映了其扮演的角色和发挥的功能。

"上海社工灾后重建服务团"成立之初的组织架构如图 4 - 1 所示。

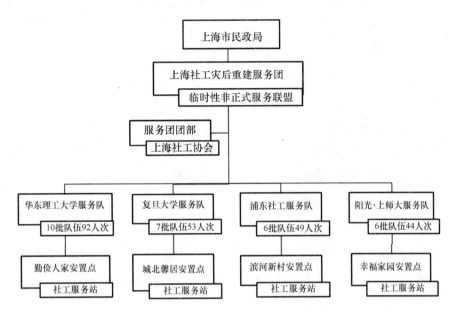

图 4 - 1　上海社工灾后重建服务团组织架构

上海市民政局是整个服务团成立的牵头者与主导者，发挥着服务团的策划、组织甚至决策的功能；四支服务队则进入灾区第一线，通过与服务对象直接接触和为其服务，发挥着社会工作服务传递与执行的功能。上海市社工协会是服务团团部的日常办公点，为身处第一线的四支服务队提供后勤保障的服务功能，同时，发挥着信息的上传下达的协调沟通功能。

（一）上海市民政局的组织角色与功能

从前述服务团成立的经过可以看出，上海市民政局不仅是这次服务团成立的倡导者与发起者，而且在服务团合法性的争取以及服务团的政策决策等方面发挥着主导作用。

1. 服务团合法身份的争取者

在中国现有的救灾体制中，政府是资源的最大拥有者和分配者，也是灾难事件的首要和核心应对者。除了掌控大量的有形资源外，政府还拥有强大的组织资源和行政资源。

因为是临时性组织，没有正式登记注册，在参与灾后救援的过程中，服务团面临的首要问题也是最大的问题，就是"身份的合法性"。面对这一问题，上海市民政局作为服务团成立的"发起者""牵头者""主导者"，通过"向上海市政府请示"这一特有的"行政渠道"，将组建"上海社工灾后重建服务团"纳入市政府派出的专业救灾团队范围管理，为服务团开展灾后救援工作取得了身份的合法性和行动的合法性。此外，上海市民政局以向国家民政部汇报的形式，得到了"国家民政部直接批示四川省民政厅，要求给予大力支持"的指示，为服务团顺利进驻都江堰安置点开通了一条绿色通道。

在服务团成立初期，从服务团的发起成立到服务团合法身份的取得，上海市民政局在其中扮演了关键性的主导角色，由此奠定了其在服务团的核心地位。

2. 服务团经费的重要提供者

整体而言，服务团的经费采取多方筹集、合作分担的方式运作。在《上海社工灾后重建服务团合作协议》中，对于服务团的经费运作方式做了如下的规定。[①]

第四条：合作费用

（一）甲方（服务团团部）负责费用

1. 服务团建站费用（包括标识、旗帜、药箱、地图，以及床铺、蚊帐等必要的生活用品等），由甲方负责解决。

2. 服务团团员的必要装备（如带有统一标识的 T 恤、帽子、防雨夹克、电筒、电池、杯子等）、往返机票、保险费用，由甲方负责解决。

（二）乙方（四支服务队）负责费用

服务团在四川开展服务期间的所有费用，均由乙方负责

解决。

服务团团部（甲方，具体执行单位为上海市社会工作者协会）的经费来源主要是通过招标、劝募、定向募捐等形式从社会筹集的，资金缺口部分以政府购买服务的形式予以支付。在实际运作过程中，上海市民政局的经费支援在整个团部费用中占了较大的比重。

截至2011年6月，上海市社工协会以"上海社工灾后重建服务团"的名义募集的资金约有140多万元（不包括四支服务队各自自筹的资金）。其中，有35%（约50万元）来自上海市民政局的直接拨付，30%（约45万元）来自上海市民政局业务主管的"上海市民帮困互助基金会"（该基金会是公募基金会）。①

从以上数据可以看出，在经费来源中，以上海市民政局直接拨付和间接支援（作为上海市民政局直接主管的公募基金会，"上海市民帮困互助基金会"对服务团的捐赠经费有较大的"行政干预"色彩）的经费占服务团经费的65%，这为服务团能够顺利开展灾后救援工作提供了重要的保证。

四支服务队（乙方）在都江堰开展服务的过程中所发生的经费主要包括生活经费（主要是餐饮）和工作经费。这一部分主要由服务队自行筹集和使用，笔者无法获得具体的经费金额。不过，如果按照"……服务队在四川开展服务期间的费用：包括工作经费、生活经费等，以每人每天70元计……"② 这一标准来计算，截至2008年11月底，四支服务队（按206人次计算）负责的经费合计

---

① 上海市社会工作者协会：《上海社工灾后重建服务团经费使用情况说明》，2011年7月。

② 上海市社会工作者协会：《上海社工灾后重建服务团组团方案》，2008年8月。

约为 40 万元，这意味着每支服务队所负担的经费平均约为 10 万元。

从上述不同组织机构所承担的经费数量来看，上海市民政局实为服务团经费的重要提供者。

（二）上海市社会工作者协会（服务团团部）的组织角色与功能

由于没有具体的办公场地和专职的工作人员，所以服务团的日常行政和后勤服务工作由上海市社工协会负责。

> ……为保障"上海社工灾后重建服务团"高效、有序地开展服务，建立"上海社工灾后重建服务团"团部，团部设在市社会工作者协会秘书处，下设督导协调组、信息宣传组和后勤保障组等三个工作小组。督导协调组是团部的日常办公机构，主要负责日常的协调联络以及志愿人员的招募、培训课程的审核、服务项目的评估等；信息宣传组主要负责信息的收集、整理、汇总和发布；后勤保障组主要负责服务队员来往的接送、机票的购买、行装的配备及出发仪式的组织……①

从以上的职责分工可以看出，服务团团部，即上海社工协会分为督导协调组、信息宣传组和后勤保障组等不同的小组，主要负责服务、协调、沟通联络以及资金募集等。

从理论上讲，上海市社工协会作为社会工作专业的行业组织，在此次服务的过程中，应该扮演重要的协调、组织、服务以及中介者的角色。但事实上，当时的上海市社工协会正式专职工作人员只有 1 名，根本不可能完成上述诸多综合功能，因此，三个小组的工作人员（共 13 人）主要由上海市民政局的相关处室（分

---

① 上海市社会工作者协会：《上海社工灾后重建服务团组团方案》，2008 年 8 月。

别为上海市民政局职业社会工作处 4 人，上海市民政局办公室 2
人）和事业单位（上海市社会工作培训中心 5 人和民政局信息中
心 2 人）的工作人员临时抽调组成。这种临时抽调组成的团部工
作组，不仅面临着工作任务的不熟悉等诸多的挑战，同时也面临
着工作人员之间的重新协调配合等议题，从而导致其本应发挥的
职能未能充分发挥。

　　整体感觉，我们服务团是没有"腰"的，就是没有那个
可以起到传递、沟通、整合的平台。这些功能的发挥本应该
是由上海市社工协会来承担的，但是就感觉社工协会当时仿
佛不存在。5·12 地震发生之后，社工协会其实应该尝试着
先和政府沟通，发挥桥梁作用，看看我们能不能联合起来做
一些事情。四支服务队进驻都江堰之后，在服务队之间的横
向沟通、服务队与团部之间的纵向沟通等方面，社工协会也
应该搭建平台，发挥沟通协调作用。但事实上，这些作用发
挥得都不太好，这一方面是因为我们社工组织没有经验，另
一方面与我们刚刚起步，社工组织发育还不够强也有关
系……（访谈对象 W）

从上述分析中可以看出，上海市社会工作者协会虽然是服务团
团部的具体办公机构，但是因为其工作人员几乎全部为民政局系统
内部人员临时抽调组成的，其"功能失灵"的尴尬现状正好呼应了
"紧急救援时的人力经常是临时性或借调其他部门的人力。临时性
或借调性的救灾任务编制导致救灾功能无法快速发挥"的理论描
述。[①] 在一定程度上，社工协会并没有独立身份，而且其作为民政
局的下属职能部门在发挥作用。有鉴于此，笔者将上海市社工协会
归并入上海市民政局，在后文分析中不再另行单列讨论。

①　丘昌泰：《灾难管理学：地震篇》，台北元照出版公司 2000 年版，第 46—48 页。

（三）四支服务队的组织角色与功能

社会福利体系是由政府机构、非营利组织、志愿服务部门组成的，在日常服务过程中，各部门根据其组织目标保持常态运作，提供特定人口的服务。但是在灾害事件发生后，原本"各司其职"的运作模式根本无法满足瞬间激增的社会服务需求。特别是在人力资源的需求方面，更是出现了巨大的缺口。因此，上海社工灾后重建服务团如果要顺畅发挥作用，人力资源的投入也是一个关键性前提因素。

对于上海市民政局来说，一方面，源于多年来政府机构的改革及人员编制的精简，在减灾救灾方面的灾害管理专业、专职人员普遍不足；另一方面，由于职权分工造成的本位主义，上海市民政局难以调拨其直属部门的相关人员在较长时间内投入灾后服务。而对于人力资源短期的缺口，华东理工大学、复旦大学、浦东社工协会、上海师范大学等几所高校和组织正好可以弥补。

在开展灾后服务的过程中，四支服务队不仅是服务团专业人力资源的主要提供者，更是服务团预期目标的具体执行者和实现者。四支服务队人力资源的具体运作模式和实际投入情况，在《上海社工灾后重建服务团组团方案》和《上海社工灾后重建服务团工作报告》中都有明确说明。

> ……每支服务队的首期服务时间为 6 个月（2008 年 6 月—2008 年年底）。每支服务队每一批队员为 10 人，服务时间不少于 1 个月。为保证工作的连续性和服务成效，服务队在服务开展期间要做好前后批队员的工作衔接。后一批在前一批撤离时，提前几天进驻服务点，前一批队员撤离时，要留下部分骨干队员，持续做好服务工作，并等待下一批服务队员的到来。两批队员衔接期间，要保证服务站不关门、不断人……①

---

① 上海市社会工作者协会：《上海社工灾后重建服务团组团方案》，2008 年 8 月。

　　……自（2008 年）6 月 25 日以来，截止到（2008 年）11
月 28 日，"上海社工灾后重建服务团"共有 24 批计 206 人次
（其中，华东理工大学服务队 8 批 74 人，浦东社工服务队 5 批
43 人，阳光·上师大服务队 5 批 37 人，复旦大学服务队 5 批
40 人，专家先遣团 1 批 12 人；其中有 21 名——华东理工大学
队录用 2 名，复旦大学队录用 19 名是来自社区的社会工作人
员，他们是从全市 1100 多名报名的志愿者中被录用的）先后
进入 4 个社会工作服务点……在为期 4 个多月的时间里，为 4
个安置点近 22000 名居民提供社会工作专业服务，创立了"和
谐巷""火凤凰""飞翔的翅膀"等品牌项目，完成了阶段性
工作目标，取得了较大的社会效益……①

　　相对来说，虽然高校的老师也有专业的教学和研究任务，不可
能抽出大量的时间投入救灾，但是高校中的本科生、研究生却是一
个资源丰富的人力队伍。此外，我们还需要关注一个时间节点：第
一支队伍——华东理工大学服务队进驻都江堰安置点的时间是 6 月
25 日，而其他三支队伍进驻安置点的时间是 7 月中下旬。这个时间
正是高校暑假期间，无论是老师还是学生，都有两个多月相对空余
的时间可以自由安排。浦东社工协会虽然不像其他几所高校师生那
样有如此盈余和自由安排的人力，但是其人员安排相对也具有较高
的灵活性。

　　可以看出，高校的教师和学生及社工机构的工作人员成为"上
海社工灾后重建服务团"开展直接服务的主力军。

　　综上所述，上海市民政局、上海市社工协会以及四支服务队在
整个灾后救援服务的过程中扮演着不同的角色和发挥着不同的功
能。具体表现如表 4 - 7 所示。

---

① 　上海市社会工作者协会：《上海社工灾后重建服务团工作报告》，2008 年 11 月。

表 4 - 7 　　　　上海社工灾后重建服务团各组织机构角色功能分类

组织机构	角色功能
上海市民政局	合法身份的主要争取者、物资的重要提供者
	服务经费的主要提供者
	服务团运作经费的重要提供者
	服务团决策的主导者
上海市社工协会	服务团的后勤保障者
	服务经费的具体执行者
	沟通协调者（此功能的发挥受到了四支服务队的质疑）
四支服务队	灾后服务的主要输送者和直接服务者

三　服务团之沟通机制

如前所述，作为一个应对灾后救援而紧急成立的联合组织，"上海社工灾后重建服务团"呈现出临时性和松散型的特点。特别是四支服务队在都江堰开展工作时，在时空距离上与上海的服务团团部相距甚远，这使得原本松散的组织结构显得更加的"神行俱散"。在这种情况下，服务团内部如何通过一些良好的沟通机制促使服务团"形散而神不散"，协助组织成员之间及时沟通，这成为摆在服务团面前的一个亟待解决的重要议题。

为此，服务团特别制定了联席会议制度、信息报送制度以及定期的视频会议等制度规定，以确保上海市民政局与服务团之间、服务团团部与四支服务队之间，以及四支服务队之间能够及时、全面、畅通的沟通。

（一）信息报送制度

服务队要将服务期间的有关信息及时报送"上海社工灾后重建服务团"宣传信息组。信息主要包括《工作日志》和《工作简报》两种形式。《工作日志》由各服务队分别撰写，其主要内容为每天的工作情况小结，一天一报；《工作简报》

由联席会议主席单位负责撰写，主要报道服务期间富有特色的领导指示、重要会议、工作经验、服务案例和感人故事等，一事一报，可根据实际情况不定期编写……①

上述规定旨在希望四支服务队定期向上海市社工协会报送工作日志及服务信息。上海市社工协会整理编制服务信息，以《工作简报》的形式报送上海市民政局，保障上海市民政局及时、准确地掌握四支服务队的服务动态与实际运作状况。

（二）联席会议制度

上海市民政局、上海市社工协会、四支服务队定期召开联席会议（包括不定期地与远在都江堰开展服务的社工服务队召开视频会议），除了了解四支服务队的工作情况之外，还就服务过程中遇到的问题进行商议。对此，服务团制定了《联席会议制度》。②

四支服务队在服务期间，应当建立联席会议制度。联席会议的主席单位由四支队伍协商产生，每支队伍指定一名联络人。联席会议视实际需要每周至少召开一次碰头会，特殊情形可随时召开。联席会议由主席单位牵头召集，主要职能为保证四支队伍在服务期间能够做到资源同享、信息互通和问题共商。四支服务队需要得到四川当地或上海方面的支持或帮助的，由联席会议主席单位出面，统一向上海市对口援助都江堰市灾后重建指挥部社会工作小组或"上海社工灾后重建服务团"团部沟通、协调，做到"一口上下"。

除了上述正式化的信息报送制度以及定期的联席会议制度之外，民政局领导与四支服务队的相关负责人之间，亦有不定期的非

---

① 上海市社会工作者协会：《上海社工灾后重建服务团组团方案》，2008年8月。
② 同上。

正式沟通与交流。

> 与四支服务队之间的横向交流相比，我们（某社工服务队）跟民政局的纵向交流还是要好一些。比如说，总体的框架是从民政局出来的，基本的后勤支持都是由民政局来完成的，包括中间的进度、管理、汇报之类的，因为民政局大体有一个总体的框架，也有跟都江堰政府的衔接。民政局做得比较好的一件事，就是以官方的名义来倡导、组织救灾工作，而且帮上海社工服务队把很多入场的障碍都清理好了，这方面民政局做得非常好的。可能里面会有一些磕磕绊绊，但是这些都是小细节，整体来讲，我们跟民政局这边的互动还是蛮多的……（访谈对象 W）

四　服务团之决策权力

从行政隶属关系的角度分析，华东理工大学、复旦大学、上海师范大学以及浦东社工协会等机构，并不是上海市民政局的下属单位，不需要接受上海市民政局的指挥，四支服务队与上海市社工协会也无上下级的领导与被领导关系；此外，四支服务队与上海市社工协会的权利义务关系，是通过签订"上海社工服务团合作协议"的方式来明确的。鉴于以上两种关系的约定，上海市民政局与四支服务队之间的关系从理论层面可以界定为建立在契约关系基础上的平等合作关系。

但是，在实际运作过程中，上海市社工协会直接受上海市民政局的管理和指导，而且上海市社工协会的负责人和工作人员都是上海市民政局下属单位的职员。因此，形式上，四支服务队是与上海社工协会签署协议，实质上，是四支服务队与上海市民政局产生直接互动。

从理论上讲，灾后的救援，政府肯定是首要的或者是主要的责任人。因为地震救援属于公共事务,政府肯定是主导的。我只是觉得至少要有几层关系去清理,第一主体责任,肯定是政府,而且由于我们的主要资源也是在政府手里。但是,政府做主导并不意味着NGO要附属于政府,而是说,政府作为总的倡导者、协调者或者是总的指挥者都没有问题。这是个角色问题,角色之后才是我们的关系问题,角色和关系是两个不一样的概念。但是在具体执行的过程中,我们则要摆正各自的位置,大家负责的内容和发挥的功能是不一样的,在这一层面我们要齐心协力、共同推进。就是说我们在整个服务关系上,是平行的。但是在实际运作过程中,其实我们还是受政府领导的。在这种模式下,政府与学术团体是非平等的关系,这种非平等的关系对于学术团体来说,感觉是很不好的。学术团体很强调知识分子的自律精神,同样也强调尊重、平等、共同合作等等。那么在整个服务的过程中,坦率来讲,我们没有看到这种精神。我们可以看到,政府的意志在整个服务过程中,是不断地影响服务团的进程。它(政府)对学术团队的基本的尊重,讲得直白一点,其实是弱的……(访谈对象W)

从最初的"上海社工灾后重建服务团"的组团成立、服务团进驻都江堰服务,到最后的服务团撤出都江堰的整个过程中,我们可以看出,上海市民政局虽然通过联席会议制度、视频会议等,积极听取四支服务队的意见和建议,并就相关议题与四支服务队负责人进行充分的交流讨论,但是,联席会议的主持、时间地点的选择,特别是最为关键的服务团的最高决策决议,基本上都是由上海市民政局的相关领导决定的。综上,"上海社工灾后重建服务团"真正的权力决策的主导者其实是上海市民政局,其强势行政的主导决策地位,致使最初构想的平等合作关系,如昙花一现的浪漫幻境一般,尚未出现既已消失。

第三节　服务团之合作模型

通过对"上海社工灾后重建服务团"内部不同参与者的角色功能以及相互之间的沟通互动的分析可以看出，上海市民政局与四支服务队之间在权力关系、资源分享（行政资源、经费资源、人力资源、信息资源）、服务输送以及沟通互动四个面向上都有一定程度的分享与合作，但是，分享与合作的程度并不是均匀分配的，而是呈现"此消彼长"的局面。

一　合作变量分析

（一）资源分享面

在行政资源方面，上海市民政局占有得天独厚的天然优势，而与此相对应的，四支服务队则在人力资源方面占有绝对优势。在经费分担方面，在上海市民政局和四支服务队各有分担的前提下，上海市民政局所承担的总金额远远高于四支服务队分别承担的金额，成为服务团运作经费的主要承担者。

（二）权力关系面

从分享决策权力的角度来看，一般而言，地位平等的双方有较多的共同参与政策决定的机会，地位不平等的双方较难共同参与政策决定的形成。此外，在组织合作关系中，资源交换的流向决定了参与者之间的权力与依附关系，掌握的资源越多，在关系中可能拥有的权力越大，地位就越高。[①] 从资源的流向来看，显然，上海市民政局在财力、物力资源方面发挥着重要的作用，其在资源投入方面所占的分量要更重一些。

在这样一个架构之下，一般而言，服务团的重大事项都需要经

---

① 刘丽雯：《非营利组织：协调合作的社会福利服务》，台北双叶书廊有限公司 2004 年版，第 40 页。

上级领导（上海市民政局领导）的认可才能开展、实施。无形之中，上海市民政局扮演着服务团的政策决策者和领导者的角色，而四支服务队虽然对服务团的决策有一定程度的影响，但是上海市民政局还是占有权力的优势的。这种局面显然是一种不平衡的权力关系，上海市民政局占据政策决策的优势地位。

（三）服务输送面

由于具有较为丰富的人力资源以及提供服务所需的专业知识技能，所以四支社会工作服务队成为"上海社工灾后重建服务团"总体目标的落实者、服务资源的主要输送者和具体服务的执行者。

（四）沟通互动面

上海市民政局与四支服务队之间，既有各个组织机构负责人之间的非正式的沟通互动，亦有以信息报送、联席会议等形式开展的正式沟通互动。但是，从整体上来说，制度化的沟通互动机制执行力度并不是很充分。

"上海社工灾后重建服务团"的沟通互动情况汇总如表4-8所示。

表4-8　　　　　　上海社工灾后重建服务团沟通互动情况

组织机构 互动层面	上海市民政局	四支服务队
资源分享面	资源的主要提供者	
权力关系面	占据权力关系的优势地位	
服务输送面		服务主要输送者和执行者
沟通互动面	正式与非正式沟通较为频繁	

二　政府主导下的契约式合作关系模型

如果将表4-8中的互动要素与前文中诸多学者的分类模型及分类指标进行对应，可以发现，从经费提供与服务输送的角度分析，"上海社工灾后重建服务团"的互动模式类似于"合作模式"

中的"供销模式",即政府部门扮演上游福利决策者的角色与经费资源的供给者角色,非营利部门扮演下游执行者的角色,直接面对服务对象的需求;从财务依赖与沟通往来程度的角度分析,"上海社工灾后重建服务团"的互动模式类似于整合依附型,即非营利组织所受政府财务支援与介入干扰因素的影响很深,与政府部门间的沟通较为频繁;而根据权力关系、关联性及正式化程度等角度分析,"上海社工灾后重建服务团"的互动模式类似于契约关系,尚未达到合作关系的程度。即政府在 NGO 渐增的影响力中还是占有权力的优势(NGO 并没有很高的影响力),NGO 与政府有中度或高度的关联性,彼此之间有正式的或非正式的互动。在正式的互动中,主要采用契约作为政策工具。

在上述的互动关系中,我们可以看出,"上海社工灾后重建服务团"的互动模式并不能被称为真正意义上的平等合作关系。此外,由于中国官僚体系造成的"官本位"的权威情结根深蒂固,公民社会的发展尚处于起步阶段,非营利组织的发育和发展还有待提升,政府与民间组织的本位主义心态等,较难形成政府与非营利组织之间权力相对等的协同合作伙伴关系。因此,本书将"上海社工灾后重建服务团"中上海市民政局与四支服务队的关系界定为政府主导下的契约式合作关系模型。也就是说,在上海市民政局的政策权力主导的情形下,四支服务队通过资源依赖、服务传递、功能互补等方式,配合上海市民政局的相关要求,通过契约式合作(双方签订合作协议)的互动关系,来共同实现协助都江堰市开展灾后重建的服务目标。

第 五 章

跨部门合作的服务内容

虽然汶川大地震已经过去了近十年之久，但我们仍有必要秉承批判性思维和反思性精神，认真总结"上海社工灾后重建服务团"的服务内容、服务成效以及存在的局限性。更为关键的是，我们需要在反思的基础上，在"预防胜于治疗"的理念下，不断提升社会工作应对灾难的专业技能和服务方法，以期为灾害的再一次降临做好准备。这是社会工作实务界、学术界必须要去探讨的重要议题。

第一节 服务内容概览

"上海社工灾后重建服务团"在都江堰市开展服务的四个灾后安置社区分别为位于蒲阳镇的勤俭人家安置点、灌口镇的城北馨居安置点、幸福镇滨河小区的滨河新村安置点、幸福镇翔凤桥的幸福家园安置点。这四个安置社区的地理位置、安置人口特征各不相同，因此服务内容也呈现出地域性和多样性的特点。

一 过渡安置社区之特殊环境

据 2008 年 6 月成都市政府统计的数据显示，截至 2008 年 6 月 2 日，都江堰市总人口 71 万人，受灾人口为 62.21 万人，受灾人口占总人口的 87.62%，80% 的建筑物遭到了不同程度的破坏，40%

的居民被安置在过渡性安置板房社区。①

过渡性安置板房社区既不是永久性的安置社区，也不是诸如简易帐篷、大型公共场所（体育馆、学校等）的应急性安置措施，而是在受灾群众搬迁至永久性居住社区之前，为了满足受灾群众的基本生存和生活需要而紧急修建的较为集中的具有过渡性质的板房安置社区。这种过渡性安置板房社区一般会存在2—3年的时间，永久性安置社区建成之后会取代它。过渡性安置板房社区一般具有以下几个特点。

（一）安置社区管理体系呈现临时性、欠规范性特点

按照都江堰市抗震救灾指挥部颁布的《受灾居民集中安置点相关管理办法》的规定②，安置板房社区基本上建立了较为完整的组织管理架构和管理体系，形成了"管委会——党支部——居委会——居民小组"较为分明的四级社区管理体系。

以笔者所服务的勤俭人家安置点为例，勤俭人家安置点共安置受灾居民11800余人，设置管委会1个、支部4个、居委会12个、居民小组47个，共有管理人员约150人，其组织架构见图5-1。党支部统筹社区的组织和领导工作，居委会及其下属的居民小组成为安置社区最基本的行政管理单元。管委会通过党支部向居委会和居民组长下达各项工作要求，每个居民也在居民组长和居委会的组织带领下，接受或参与安置社区的活动。③

虽然安置社区设置了基本的组织管理架构，但是确保组织管理良性运作的运行机制尚未健全，管理制度尚未完善，组织机构之间

---

① 《都江堰市灾后重建工作新闻发布会——市政府新闻办第十五次专题新闻发布会》，2008年。http：//www. chengdu. gov. cn/news/detail. jsp？id＝209825。

② 都江堰市抗震救灾指挥部：《关于印发受灾居民集中安置点相关管理办法的通知》，《5·12地震灾民安置工作文件汇编》，都江堰市抗震救灾安置领导小组2008年编印，第115—120页。

③ 何雪松：《从关系重建到社区增能：勤俭人家社会工作服务报告》，《上海社工来了》，都江堰市民政局2009年编印，第25—27页。

缺乏有效的沟通协调。管委会的工作人员多是从其他地方的不同政府机构临时抽调的，居委会及居民小组长的人选也是临时指定的。居民小组长最初多是志愿者，随着工作的不断参与、介入，逐步被明确为居民小组长。他们大多缺乏基层社区管理和服务经验，这势必在管理上遇到很大的挑战。[①]

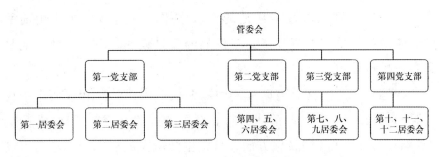

图 5 – 1　勤俭人家管委会组织架构

（二）安置社区的居民具有异质性和疏离性特点

理论研究和实务经验皆证明，灾后安置的最有效路径，是最大化延续和维持原有的社会关系网络。但是四个安置社区在灾后初期的居民安置过程中，并不是按照原来居住地或居住社区进行集中系统安排的，而是遵循受灾最重的群众、伤亡最大的家庭优先安置的原则进行安置的。这使安置社区的居民既有来自农村的村民，也有来自城市的社区居民，既有工人，也有农民，还有知识分子、商人等。在这种情况下，安置社区居民的职业身份或社会身份异质性较高，而这种异质性在一定程度上导致居民之间具有疏离性的特点。具体表现为居民彼此不熟悉、不了解，有些居民在一起已经居住了近一个月的时间，但大多只知道邻居的姓，而不知道其名，至于其他诸如家庭成员状况、工作状况、原居住地情况等较为详细的背景信息，居民彼此之间更是知之甚少。这

---

① 费梅苹：《灾后社会重建中社会工作服务方案的设计》，《西北师大学报》（社会科学版）2009 年第 3 期。

种疏离性对居民互助体系和相互支持体系的建构带来了不利影响，而在灾难情境下，构建互助体系和相互支持体系不仅对居民度过灾难具有重大意义，而且对居民面对过渡性安置社区的众多问题也具有重大作用。①

（三）安置社区的环境整体上呈现退化的特点

这表现在基础设施和社会管理方面。安置社区的基础设施建设投入一般达不到永久性居住地的投入水平。安置板房主要由简陋的、轻薄的岩棉夹芯板建成，不仅隔温效果较弱，冬冷夏热，而且隔音效果也较差。

在笔者服务期间，有时在夜间隔壁板房中，甚至相隔两个板房的第四个板房的呼噜声都能听得格外清晰，队友们之间经常笑称"隔墙有耳"。在公用设施方面，日常生活所需的用水、用电尚可满足，不过灾前原本以家庭为单位的私人化设施设备，在安置社区都是公共使用，比如集中供水房、公共厨房、公共厕所、公共浴室等。此外，由于设施简陋易损，经常出现安置板房门板损坏、房屋漏水、屋前道路积水等问题。再加上前面所述的安置社区管理能力和服务能力方面的缺陷，使受灾群众面临一系列新的问题，并由此产生了抱怨、指责等情绪。

（四）安置社区初期，居民表现出非常浓厚的"灾民"文化

在安置社区的初期阶段，居民之间普遍存在着较为浓厚的"灾民"情结，即把自己看作一个极度的弱势者（自我弱化），希望得到更多的帮助和支持。从正面看，这种灾民意识表现为受灾居民对生命的珍惜、对社会的感恩、相互支持帮助情结以及对家园重建的渴望，这成为灾后社区重建可以依赖的宝贵资源；从负面来看，这种"灾民"意识则表现为"等、靠、要"思想较为浓厚。面对安置社区存在的一系列问题，居民们大多期望政府帮助解决，自我解

---

① 张昱：《灾后社会关系恢复与重建的路径探索——基于 Q 安置社区社会工作介入的实践》，《华东理工大学学报》（社会科学版）2008 年第 4 期。

决的意识不强。

（五）社区问题具有多样性、复杂性、基础性的特征

1. 问题具有多样性

居民面临的问题既有基础设施方面的问题，也有管理方面的问题。基础设施方面的问题表现为板房漏雨、雨水倒灌、水电使用不方便、公用设施的安全及离居住地较远、居住环境的退化等；管理方面的问题表现为部分管理者（特别是部分居委会主任、居民小组长）管理经验欠缺，工作方法不当等；还有居民之间的异质性、疏离性、公共安全以及居民自我管理方面的问题。居民在安置社区面临的问题远远多于在原社区面临的问题。

2. 问题具有复杂性

在众多问题中，有些问题是居民以前经历过的，有些则是终身未曾见到过的，如"混居"问题。为了尽快安置受灾群众，在板房安置过程中规定了每间板房的居住人数，这就可能出现一间板房住两户甚至多户人家的"混居"现象。尽管管理者努力避免这种情况出现，但在板房数量有限、受灾群众众多的情况下，这种现象仍然在所难免。再如，在安置初期，受灾群众的安置和安置社区的管理之间的矛盾也十分突出。一方面，管理者希望尽快把受灾群众安置进板房居住；另一方面，已经安置进板房的受灾群众在面临众多问题时不断向管理者提出各种需求；同时，还有大量救灾物资需要分发，这使管理者在人力、时间、精力的分配上都面临着极大的挑战。

3. 问题的基础性

与其他类型的社区相比较，安置社区的问题更具有基础性的特点。环境的退化问题、异质性问题、疏离性问题、混居问题，等等，这些问题基本上都属于受灾群众的生存问题。也正是因为这些问题的基础性，一方面必须尽快解决，另一方面，其解决的难度又

非常大。①

面对安置社区的复杂环境，作为外来的援助队伍，"上海社工灾后重建服务团"要想顺利介入并开展适合的服务项目，不仅需要有足够的专业素养，更需要有紧急应对的智慧和能力。

二 社工服务队之服务内容

在顺利进驻安置社区之后，四支服务队以"建构社会关系"和"灾民增能"为服务目标，遵循"需求为本"的原则，根据安置点的不同情况及特点，分别开展了不同形式的服务项目。以下简要介绍四支服务队开展服务的情况。

（一）华东理工大学社工服务队

华东理工大学社工服务队进驻的安置社区为"勤俭人家板房安置社区"。从2008年6月25日进驻安置社区，到2008年12月整体性撤出，先后有10批服务队共92人次在安置社区开展服务。

在服务开展的过程中，服务队以"灾后社会关系的恢复与重建"以及"和谐社区建设"作为工作开展的重心。这主要由三个方面的因素决定：第一，作为高校服务队，他们所能整合的物资资源有限。因此，相比有形的物资资源的救助，依靠无形的专业技术资源提供的服务更容易开展；第二，通过社会关系的恢复与重建，为受灾群众增能和充能，能够形成受灾群众的相互支持体系，亦可以提升他们自我管理的能力，促使他们走向自我发展；第三，以提升受灾群众的能力作为主题，也符合社会工作"助人自助"的宗旨。服务队围绕上述两个主题开展服务的实践证明，提升受灾群众的自身能力，对于硬件问题的解决同样具有重要的间接促进作用。很多受灾群众逐渐改变了以往"等、靠、要"的被动行为和依赖心理，主动想办法解

① 张昱：《灾后社会关系恢复与重建的路径探索——基于Q安置社区社会工作介入的实践》，《华东理工大学学报》（社会科学版）2008年第4期。

决生活中遇到的种种问题。

华东理工大学社工服务队主要服务项目如下表 5 - 1 所示。

表 5 - 1　　　　　　　华东理工大学社工服务队服务项目

项目名称	针对问题	具体目标	达成效果（活动内容）
巷巷会	居民对所在环境不熟悉，人际关系陌生疏离，自我管理能力较弱，缺乏自助和互助氛围	通过巷巷居民之间的相互交流讨论，形成居民自我管理的平台和途径，挖掘和发挥居民自我管理的能力，逐渐形成自力更生与互助和睦的社区氛围	"勤俭人家"安置社区先后有 12 条巷子挂上了"和谐巷""互助巷""团结巷""自强巷"等巷牌，并促成了居民之间的互动与交流，倡导和营造了自助与互助的氛围与理念
培育组建社区组织	地震不仅断裂了部分受灾居民的社会支持网络，而且造成了相当程度的心理创伤	恢复与重建社会关系网络，强化社会支持系统，防止造成严重的心理创伤	协助社区成立老年协会、老年舞蹈队、老年拳剑队、腰鼓队、歌唱队、诗文社、青少年及老年志愿者服务队
青少年社会工作	青少年课余活动单一，部分家庭亲子沟通出现问题	加强亲子沟通，增强青少年人际沟通，提升自我管理能力，增强自信	童心乐园："小跳豆"欢乐学习坊、欢乐课余时光、周末亲子情；青少年兴趣班：故事绘画班、英语兴趣班、武术班、舞蹈班、书法班等；青少年社区活动：动感夏日哗啦啦三人篮球赛、"最好的未来"青少年大型活动、我的快乐人家畅想活动、小小奥运青少年活动；亲子沟通关系：亲子"聆"距离互动小组、感恩节大型亲子活动、"帮助孩子走向成功"及"沟通从心开始"家庭小组主题活动

项目名称	针对问题	具体目标	达成效果（活动内容）
老年社会工作	老年人口比例高（达到 20%），人际互动少，健康知识薄弱等	增强老年人支持网络，提高老年人自我照顾能力	通过开展康乐活动、健康知识讲座，培养健康心理及生活方式，提高自我照顾的能力；通过社区组织、社区活动，促进老年人与他人互动，建构、恢复和增强老年人社会支持体系
妇女社会工作	灾害导致原有妇女组织解体	健全和加强原有的妇女组织，提升妇女能力	开展女性卫生健康沙龙、勤俭主妇厨艺大赛
残疾人社会工作	因灾致残的个人缺乏辅具，生活适应困难	提供残疾人服务	链接社会资源，为残疾人配置轮椅；组织志愿服务队开展助残服务等
贫困家庭支持计划	因灾致贫的家庭灾后生活存在诸多困难	链接社会资源，提高社会参与度，增加信息交流，拓宽贫困家庭寻找生存和发展的途径	评估贫困家庭需要；开展增强贫困家庭参与交流的活动；帮助贫困家庭连接社会资源；提供相关"自强"信息；建立贫困家庭档案以便跟踪服务
信息平台项目	社区信息沟通渠道单一，信息沟通不畅	建设信息平台，提升信息沟通能力，促进信息上传下达，构建社区居民和政府的和谐关系	编印《勤俭快讯》社区小报，印发社区资源图；开设信息公告栏、居民信箱等，以便及时收集居民的意见和服务需求，整理后报送安置点管委会
社区骨干能力提升和居委会主任培训项目	当地社区工作人员多为临时提调，缺乏社区工作经验和能力	通过培训，协助当地社区工作人员掌握社区工作的方法和技巧	开展以工作思路研讨、社区管理技巧和策略为主题的学习交流活动和培训，在提升居委会主任和居民组长社区管理能力的同时，建立他们之间的相互支持网络

（二）复旦大学社工服务队

复旦大学社工服务队于 2008 年 7 月 25 日开始进驻都江堰市灌口镇高埂一期城北馨居临时安置点，先后有 7 批队员约 53 人次进驻安置社区开展服务。服务队根据"恪守专业、量力而行、总体策划、有序执行"的战略，在协助安置点居民生理、心理和社会功能的恢复与提升，社会关系的重建，社区互动的加强，支持网络的形成，社会资本的凝聚，自助助人的彰显等方面取得了一定的成效。

复旦大学社工服务队主要的服务项目如表5-2所示。

表5-2　　　　　　　　复旦大学社工服务队服务项目

项目名称	针对问题	具体目标	达成效果（活动内容）
组建互助团队	邻里关系疏离陌生，社区活动单一	协助居民走出家门，参与社区活动，搭建社会支持网络	协助居民建立舞蹈队、歌咏班、腰鼓队、T台步队、花鸟兴趣小组、青城武术队、太极拳队、健身队、编织组、小小消防队、"蒲公英"小喇叭广播队等
青少年支持互助活动	重大灾难给青少年造成严重的心理创伤及社会支持网络的断裂	通过情绪舒缓、社会支持网络重建，形成青少年灾后新的成长动力	"聆听音乐、成长心灵"的音乐治疗以及"飞翔的翅膀""小鬼当家"等青少年成长小组活动
"共创和美家园"社区融合系列活动	安置区居民社区意识薄弱，社区关系生疏，参与社区发展的动力不足	增强社区主人翁意识，凝聚社区成长力量，加强社区互动，融入社区，守护社区，成为社区发展的主人	包饺子比赛、十字绣展览、邻里节、广场舞会、社区文艺晚会、社区运动会、"我爱我家，温馨祥园"社区趣味运动会、"耆乐融融"茶话会等许多集社区发展、社会规划和社区教育类服务于一体的项目

（三）阳光·上海师范大学社工服务队

阳光·上海师范大学社工服务队由上海市阳光社区青少年事务中心和上海师范大学联合组队。服务队于2008年7月25日进驻都江堰市幸福镇翔凤桥的幸福家园临时安置点，先后有6批次约44人次在安置社区开展服务。服务目标以安置点的青少年为核心，以家庭为载体，进而涉足社区整体赋能。

阳光·上海师范大学社工服务队主要服务项目如表5-3所示。

表5-3　　　　　阳光·上海师范大学社工服务队服务项目

项目名称	针对问题	具体目标	达成效果（活动内容）
"向日葵"青少年活动室	安置社区缺少专门针对青少年的公共活动空间和活动项目	为社区青少年开拓专属活动空间，开展有针对性的活动项目	建立起60平方米的"向日葵"青少年活动室，活动室集学习、娱乐功能于一体，配备了桌椅、图书、电视等基本设备
青少年课业辅导	青少年课后业余生活单一，课业辅导缺乏	丰富青少年的课业生活	开展各类以兴趣辅导班为主体的"暑期幸福阳光课堂"；以课业辅导为主，同时穿插各类活动的"萤火虫课余晚托班"
家长沙龙	社区中许多妇女闲散在家，社区活动匮乏，居民之间互动交流欠缺	以青少年家长为载体，成立家长沙龙，促进他们成为社区的核心人物，并通过彼此互助，带动更多居民的自助	开展"生活小窍门"团体活动；亲子沟通工作坊；情绪舒缓工作坊；文明礼仪活动记录；丝网花工作坊
社区青少年及居民活动	社区原有的文娱活动因灾停滞，社区活动贫乏	重构、丰富安置点居民的社区生活	"奥运乐一夏"迎奥运趣味青少年体育运动；"幸福小当家"青少年安全知识竞赛；"阳光幸福一家门"暑期青少年文艺晚会；安全知识办总决赛；迎中秋青少年三对三篮球赛；"幸福加油会"幸福家园迎国庆全民健身会；"篮板小勇士"——幸福家园VS滨河小区青少年篮球赛；幸福家园"冬季阳光"社区运动会

（四）浦东社工服务队

浦东社工服务队是由浦东新区社会工作者协会负责组建和协调

的，人员来自乐群社工服务社、阳光慈善救助服务社、中致社区服务社、乐耆社工服务社等多家机构以及社会公开招募的社工专业研究生和心理咨询师。服务队于 2008 年 7 月 25 日进驻都江堰市幸福镇滨河小区的滨河新村临时安置点，先后分 6 批队员约 49 人次在安置社区开展服务。服务队以资源联结和能力建设为核心，服务内容涵盖老年人关怀、青少年成长、失业或低收入妇女劳动技能和生计、经济合作组织扶持、残疾人关怀、单亲家庭支持等。

浦东社工服务队主要服务项目如表 5 - 4 所示。

表 5 - 4　　　　　　　　　浦东社工服务队服务项目

项目名称	针对问题	具体目标	达成效果（活动内容）
爱心加油站计划	安置社区居民物资匮乏，居民互助网络薄弱	物资发放与社区关系重建和社区互助网络建设相结合	照顾社区中 70 岁以上的老年人、残疾人和单亲家庭，重点帮护受灾者中的弱势群体； 开发、整理社区内所需的公共服务，根据服务的时间和质量向居民兑换爱心服务券； 奖励社区中关怀他人、关心社区的模范人士
社区流动文化车系列社区文化服务	安置社区内文化设施欠缺，居民文化活动贫乏	通过"上海援川社区流动文化车"，为有需求的安置点提供图书借阅、电影播放等服务	流动文化车在七个安置点不定时进行电影播放和图书借阅服务
"火凤凰计划"妇女绒绣技能培训和就业项目	安置点家庭普遍面临生计困难，妇女缺乏工作技能	协助灾区妇女学习一技之长，增加收入渠道，重拾生活信心，并通过自身的改变去影响周边的亲人和朋友	联合绒绣专业师资，教授灾区妇女绒绣技巧； 在灾区设立绒绣加工点，并提供销售渠道； 成立"火凤凰"合作社，协助妇女通过合作社独立开展业务

项目名称	针对问题	具体目标	达成效果（活动内容）
"牵手童年·共享阳光"青少年服务计划	安置点青少年缺乏课后活动空间；部分贫困家庭青少年存在就医、就学困难；边缘青少年缺少关爱	倾听灾区青少年心声，给予心灵关怀和支持；发挥潜能，增强自信；做重建家园的小主人，引导青少年健康成长	丰富社区儿童及青少年的暑期生活；为家庭贫困的青少年连接医疗资源和助学资金；关注个别边缘青少年，开展个案辅导服务
"银龄计划"社区长者服务项目	安置点老年人活动单一，支持系统薄弱，缺乏互动等	挖掘老年人的潜力，丰富老年人的生活，促进社区老年人之间的互动，在安置点建立一定的社区助老机制	组建老年人文娱活动；建立滨河新村老年协会和志愿者助老服务队
"新希望"再孕育援助计划等	在灾难中失去孩子的中年妇女希望能够再次生育	连接医疗资源，帮助失去孩子的妇女了解再生育的相关信息	为灾区失去孩子的中年妇女进行生育能力医学评估；提供技术支持和专业检查；制定治疗方案

由表5-4可以看出，浦东社工服务队特别强调能够给服务对象带去切实利益的"资源型项目"的开展，比如，"爱心加油站"项目，"新希望再孕育"援助计划，贫困家庭青少年助医、助学计划等。正如其在总结报告中所言："这些项目设计初衷，考虑到灾后的社工服务不同于寻常条件下的社区服务：灾后社区的服务对象面临资源的严重短缺，因此带着资源和机会进入服务点，不仅缓解了服务对象的燃眉之急，缓解其压抑情绪，还能使服务的提供者获得了解服务对象的机会，赢得服务对象的信赖，为之后启动的倡导型项目和制度建设型项目奠定了基础。如是，资源型项目不仅是提供资源的项目，更是全面开展社区建设工作的重要媒介。"

作为一支专业服务的力量，"上海社工灾后重建服务团"的四支社工服务队通过社会资源的连接与整合、政社合作与需求回应等运作机制和持续专业的社工服务，积极寻找各种社会资源，在救助灾民、社区和社会关系重建、弱势人群关注（如老人、青少年、妇女）等方面发挥着重要的作用，受到了中央和各级领导的高度赞誉与广大灾区群众的普遍欢迎，社会反响热烈。2008年9月2日，当时的国家总理温家宝在国务院前秘书长马凯、民政部前部长李学举、教育部前部长周济、四川省前省委书记刘奇葆等人的陪同下，考察都江堰灾后重建工作时，特地考察了"勤俭人家安置社区"的华东理工大学服务队的社会工作站，并对社会工作在和谐社会建设中的重要作用做了充分肯定，对"上海社工灾后重建服务团"在都江堰灾后重建中发挥的积极作用和取得的显著成效予以高度赞扬。2008年9月26日，上海市政协前主席冯国勤、副主席周太彤率领上海市政协慰问团，慰问和视察了在都江堰开展专业服务的"上海社工灾后重建服务团"，高度评价了复旦大学社工服务队的专业介入与个案辅导工作、华东理工大学社工服务队的"巷巷会"和社区自治建设、阳光·上海师范大学社工服务队的青少年服务、浦东社工服务队的"火凤凰"计划等服务项目，并指出，"社会工作在灾后重建中很重要，在某种程度上，精神家园的建设不亚于物质家园的重建。上海社工工作做得很好、很细、很精，在都江堰灾后重建工作中发挥了很好的作用，把好多社区工作搞上去了，并用关爱、乐助和奉献的社工理念来服务社区居民，不仅给予物质上的帮助，而且把精神和思想建设搞上去了，有利于灾后重建，形成强大的精神动力和支持"。当时，上海市委以及四川省政府政策研究室、成都市团委等有关部门也先后组织到社会工作服务点考察，并把"社会工作"作为推进安置点有效运转的良好模式加以推广。2008年11月，民政部在成都召开"灾后恢复重建与社会工作研讨会"，重点介绍了上海组织社会工作者介入灾后恢复重建的做法，并予以充分肯定。民政部领导及与会的100余名代表专程前往考察了"上海社工灾后重建服务团"的四个社工服务站，高度赞扬了"上海社工灾后重建服务团"所取得的服务成效。

此外，"上海社工灾后重建服务团"也受到了全国多家媒体的高度关注。据不完全统计，有中央电视台、凤凰卫视、上海电视台、东方卫视、四川卫视、成都电视台，《光明日报》《人民政协报》《中国社会报》《中国教育报》《解放日报》《文汇报》《新闻晨报》《四川日报》《贵阳日报》《成都日报》《成都商报》《成都晚报》《四川经济日报》，中国新闻网、新华网、中央广播网，东方广播电台等数十家媒体对"上海社工灾后重建服务团"进行了深度报道，引起了广泛的社会反响。

第二节　服务过程解析

一　介入路径

面对上述安置社区特殊的情境和多样化的需求，从理论上讲，社会工作"助人自助"以及"关注弱势人群"的专业本质正好可以有效对接安置社区的问题和需求。但是从现实层面来看，专业社会工作虽然具有介入灾后社会重建的专业能力及行动基础，但不是必然会被灾区的政府、民众及其他组织"心甘情愿"地接受，亦不等于灾后社会工作能够顺畅地开展起来。特别是在都江堰地区，尚未建立社会工作制度，对于安置社区的居民和管委会来说，社会工作是一个完全陌生的概念。"上海社工灾后重建服务团"作为一个"外来的队伍"，该采取怎样的策略取得当地管委会和安置社区居民的信任而被接纳？这成为摆在"上海社工灾后重建服务团"四支服务队面前的首要任务。

"嵌入性"成为社工服务队介入安置社区的最佳路径。"上海社工灾后重建服务团"的四支服务队，根据安置社区的特殊情境，摸索出"嵌入性"的介入途径。即社会工作服务团队主动嵌入当地的政治与文化环境及社会关系网络里。嵌入性包括"制度性嵌入"和"服务性嵌入"。

所谓"制度性嵌入",也可称"体制性嵌入",主要是指社会工作服务团队必须深入了解和尊重灾区的行政文化,主动将自己纳入灾区的行政体制,进入已有的行政化体制的结构中,视自己为灾区政府工作的组成部分或者助手,努力赢得当地政府的理解、接纳、信任和支持,并在高度行政化的制度环境下开展专业服务,争取嵌入性发展。否则,如果社会工作团队无法进入灾后重建工作的核心行政圈子,只会成为重建进程中可有可无的边缘力量。为此,服务团特别注意与各个安置点的社区管委会、都江堰市民政局的定期沟通。对于当地政府部门没有时间、没有精力解决的受灾社区的各类问题,社工服务队及时发现,并从专业视角进行深入解读和综融性解决。社工服务队以积极主动的姿态,努力协助政府广泛了解居民的需要,并以第三方的中立身份动员居民自己组织起来解决社区自身的问题,而政府则提供相应的政策支持。这样,政府和居民组织之间逐步形成并适应了分工合作的机制。在这个过程中,都江堰市民政局和安置社区的管委会等不同层级的政府官员也逐步理解和接受了社会工作的理念,从而在政策层面加大了对社会工作的支持力度。

　　　　我们到了"勤俭人家",说实话,他们(管委会)也不知道我们能干什么,也不能给我们什么支持,当然也不能命令我们。他们能够为我们做的就是给我们提供一些板房和住的地方等基本的东西,接下来就是我们社工来做了。比如,我们当初说要做一个社区小报,就是后来的《勤俭快讯》。我们去找管委会商量,说我们要办一份报纸,并说了我们办这份报纸的缘由。刚开始他们也不说什么,就说那你们就做吧!后来当我们把报纸弄出来之后,他们感觉我们这份报纸做得挺好的,还没等我们把报纸发到社区,他们就已经把报纸送到成都市副市长的办公桌上了。后来我们说要做个信息栏,他们很支持,包括一些个案的工作,他们也会出面支持协调。可以看出,就"勤俭人家"的层面，我们是一个非常明显的合作共赢关系……
（访谈对象 W）

所谓"服务性嵌入"，主要是指积极利用和整合灾区既有的社
会服务资源，尽可能地将社会工作的服务理念、方法和技巧融入灾
区的服务体系中。无论是服务计划、服务内容、服务方式还是服务
的语言，尽可能与灾区的政府部门、安置点管委会和灾民对接，在
对接中致力于发挥社会工作的服务优势。[①] 尽管上述两种嵌入方式
颇具向原有行政体制和文化妥协的意味，但它恰恰是外来社工在初
始服务阶段获得发展的必要途径。

二　服务内容

以社会关系的恢复与重建为服务主线，搭建受灾居民的互动体
系和社会支持体系，这是"上海社工灾后重建服务团"开展灾后服
务的重心。在安置灾区，在原有社会关系、组织关系被灾害破坏、
撕裂的情况下，社会工作服务队从增能视角出发，协助受灾社区和
居民恢复和重建社会关系，形成受灾群众彼此之间的互助体系和社
会支持体系，并有效预防灾后社会问题（特别是社会冲突）的产
生，最终达成灾后社区和谐、有序发展的目的。

灾后社会关系涵盖了社区居民家庭和睦、邻里及人际关系融
洽、干部与群众关系和谐、群体和组织内部的有效整合及彼此互动
的协调、社区结构稳定及优化等多层次多方面的内容。因此，社会
关系的修复与重建工作是从不同层面开展和深化的。个体层面包括
家庭中的亲子沟通关系、困境家庭的个案服务等；邻里关系层面包
括"巷巷会"中邻里之间的相互沟通与自我管理；群体层面包括同
辈群体关系，例如，老年人协会、妇女厨艺评比等；社区层面包括

---

① 范斌：《灾后社会重建：社会工作的行动基础及专业成长》，《华东理工大学学报》（社
会科学版）2010 年第 6 期。

建立"居民信箱"、印制社区小报，加强社区居民与社区组织（居委会、管委会）的互动交流，通过对管委会管理人员的能力培训，提高社区工作人员的管理与服务经验等。

"上海社工灾后重建服务团"把服务内容聚焦于社会关系的重建方面，主要基于以下的现实原因。

（一）服务队可以整合利用的救灾资源有限

当我们转身关注四支社会工作服务队自身的特点时，不难发现，除了浦东社工服务队之外，其他三支服务队的成员基本上都是来自高校的社工院系（所）的教师和学生。从机构性质来讲，这些社工系（所）本身并没有开展社工实务项目的职能及项目运作经费，也就是说，服务队本身所拥有的可以投入灾后救援的物资资源相当有限；另外，作为"外来的专业力量"，在进入一个崭新的工作环境时，其挖掘、组织和协调在地资源的能力亦会受到很大的限制。在这种情况下，如果直接面对受灾居民的基本生活所需的物资需求时，社工服务队会显得"力不从心"。因而，聚焦于无形的"社区关系"重建等关系性议题和发展性议题，成为服务队在当时情境下的不二选择。

（二）服务队游离在正式的救灾体系的边缘地位

在进入安置社区之后，"上海社工灾后重建服务团"的四支服务队虽然努力想要嵌入以管委会为中心的灾后救援组织架构中，但是由于都江堰地区尚未建立社会工作制度，对于安置社区的居民和管委会来说，社会工作是一个完全陌生的概念，这导致服务团在介入灾难救援之初即面临身份困境。管委会并没有将这支"外来的队伍"视为"自己人"，而且党支部、居委会等负责人并不知道"社工到底是做什么的"。因此，事实上，四支服务队并没有被正式编列进灾后救助、灾后生活重建和社区重建的灾后救助制度框架内。社工服务队对安置社区社会政策层面的参与更是极为有限。

一方面，当我们上海社工进入都江堰的时候，已经是震后一个多月的时间了，当地的救灾组织体系基本已经组建完成并开始顺畅运作。在这种情况下，当地管委会也不可能再把我们加入到他们的体系之中；另一方面，当地管委会确实不知道"社工"是什么，也不知道我们社工能做什么，更不知道如何把我们纳入制度化的救灾体系之中，所以刚开始，管委会的态度就是你们能做什么就做什么吧。其实这已经是对我们社工服务队的很大支持了！……（访谈对象 W）

面对资源的限制以及非正式救助的边缘位置，四支服务队能够选择管委会没有能力、没有精力关注的"社会关系的恢复与重建、社会支持网络的修复与加强"作为贯穿服务的主线，不失为明智之举。

（三）社会关系的恢复与重建是灾害社会工作的重要目标之一

事实上，与以往的救灾工作比较集中于生命救援、物资救助相比，社会工作从专业视角出发，在关注人的生存需求、安全需求之余，更关注其归宿与爱的需求、社会需求、情感需求。而这些需求的满足，对于协助受灾居民平稳渡过灾后安置阶段、树立信心开始灾后的恢复与重建发挥了重要的作用。因此这一服务目标也得到了业内外较为普遍的认同。

……这一巨大的关系空间，政府如何借助专业力量加以引导，着手各种基础社会关系和社会组织的重建，为需要帮助的人群尽快地提供支持的系统，已经刻不容缓。社会关系重建问题是灾区重建中的一项重要任务，而社会工作正是能够承担并完成这一任务的唯一专业力量。

这块牌子（上海社工来了）的内容在某种程度上表达了我们当时对使命和任务的理解与把握。也就是说，我们为什么要来，我们是来干什么的，"让陌生人熟悉起来，通过沟通，了解居民需求；让不安的人放下心来，增强居民的自助能力；让我们的能力发挥出来，建立社会互助网络；让我们一起互动起来，共同建设和谐社区"。可以这么说，整个一年的援助工作，我们就是围绕着修复关系层面的问题而展开的……①

三 服务目标

社会工作介入灾后社会重建，是以"助人自助"为核心实现受灾居民和安置社区的自助与互助能力建设的。其关键在于以"增能"或充权为手段，提高受助对象自我成长和自我发展的能力，这是社会工作开展灾后服务所追求的最终目标。张和清将自助和互助能力概括为相互关联的三个方面：一是主体的觉醒能力，即主体觉醒到自我的困境并有强烈的改变愿望；二是主体的实践能力，尤其是主体的组织和合作能力；三是主体的改变（成长）能力。这三个方面的关系可以概括为主体意识觉醒——积极付诸实践——实现自我改变（自助与互助）的循环往复。② 因此，社会工作者需要整合各种资源，帮助灾区的政府、社区、民间组织、个人和家庭等开拓发展的视野，增强可持续发展的自助和互助能力。

"上海社工灾后重建服务团"在能力建设方面，最为典型的是浦东社工服务队开展的"爱心加油站""火凤凰"计划，以及华东理工大学开展的"安置社区干部能力提升培训"计划。

> 我们开展爱心加油站，就是要推动社区居民之间的互助能力。我们的爱心券，除了老人、单亲家庭和残疾人是无偿发放之外，其他的社区居民，你只要为社区做好事，都可以

---

① 马伊里：《社会关系重建是社工介入灾后重建的重要任务》（发言录音整理稿），灾后重建中的中国社会工作论坛暨中国社会工作发展报告发行仪式，2009 年 5 月。
② 张和清、裴谕新、古学斌等：《灾害社会工作——中国的实践与反思》，中国社会科学出版社 2011 年版，第 38 页。

获得爱心券。那我们就鼓励会电工的居民为大家修理电器，会照顾老人的妇女就为隔壁的老人提供服务，会管理浴室的居民去管理浴室，有的打扫厕所、做绿化养护等等。你提供服务之后，就可以到我们这里领取爱心券，所以，我们不是把物资免费或平均发放，我们的目的就是要在陌生的环境中，倡导大家去帮助他人。这其实就是要推动他们的互助能力……（访谈对象D）

浦东社工服务队从优势视角出发，通过提供资源、创造条件，为受灾妇女增能，从而达到了促进个体成长发展的目的。其中，"火凤凰计划"最能凸显能力为本的服务目标。"火凤凰计划"取意于"凤凰浴火重生，找到生命的价值与意义"。其目的在于通过教授灾区妇女绒绣编织技巧，进而设立绒绣加工点，提供销售渠道，从拥有谋生手段开始，让妇女从付出、收获中重拾信心，并通过自身的改变影响周围的亲人和朋友，携手重建家园。之所以选中绒绣，是因为绒绣难度相对较低，工作场所灵活，便于妇女在工作的同时也可以照顾家庭。

那些妇女灾后感觉很无望，丈夫可以出去工作，小孩要读书，她们又不能出去工作。那我们就开展绒绣技能培训，让妇女可以在家里加工绒绣。当然，这中间有一部分人被淘汰了，因为绒绣还是需要技术的。有些人学得很快，一天可以加工好几个，有些人比较慢，好几天才加工一个，她们自己也感觉太费时，不划算，就放弃了。这个是没有办法的。我们在事前设计的时候，就无法保证每个人都能够学会，也没办法保证每个参与者都能受益。但是有些人就是学会了，而且赚了一些钱，为灾后两三年分到的新房子积累了一些装修资金。通过这种方式让大家感觉到，灾后我可以用其他的方式来弥补灾难带来的损失。同时，我们也为这些妇女提供了一个沟通、理解、交流的平台，用一种间接的方式来帮助这些妇女消除地震带来的心理阴影。后来政府感觉这种方式很好，就把蜀秀、羌绣也搞起来了，这其中我们起了引领的作用……（访谈对象 D）

当然，在开展上述服务的过程中，浦东社工服务队面临的困难或许具有一定的普遍性。"火凤凰绒绣项目中由于学员们技术不熟练，绒绣社出口订单收益不高，学员们从加工劳动中所获得的报酬很低，平均为 100—200 元。火凤凰计划的工作内容，无论是组织初级、中级培训，还是组织成立绒绣社筹委会，都是围绕着提升学员的经济能力展开的；而项目设计中旨在提升其社会发展水平的增能活动的开展仍未充分展开，仅局限于与青少年联合开展的亲子活动。对于火凤凰绒绣合作社的能力建设培训也尚不充分，合作社的成功终究取决于这个机构在商业经营能力和自我组织能力上的共同成熟。"①

四　服务方法

"社区为本"是切入灾民需求的最好服务平台。社区作为个体与环境互动最为直接和基础的载体，常常成为社会工作实务开展的基本平台。而在灾后的重建工作中，"社区为本"的多元服务传递更是社会工作专业实务的重要特色，它意味着我们最终的工作目标并不指向某个单一的人群，而是兼具同质性与异质性的不同人群共同组成的过渡安置社区或永久性新社区。②

（一）以"巷巷会"为代表的社区工作模式增强了社区自助互助意识的培养

在安置点建设初期，灾民往往对政府都有一种"等、靠、要"的福利依赖倾向。因此，在碰到诸如安全、卫生、板房漏水等具体

---

① 浦东协会社工服务队：《浦东社工服务队都江堰灾后安置点服务项目阶段性总结》，2008 年 11 月。

② 民政部社会工作司：《灾害社会工作研究》，中国社会出版社 2011 年版，第 49 页。

的问题而管委会又没有能力和精力解决的时候，灾民对政府的误解、埋怨以及社区冲突就极易发生。为此，华东理工大学服务队通过"大家共商量；想想怎么办；户户都参与，一起来行动"的社区工作模式，创建了"巷巷会"社区活动。具体做法为由社工启发、动员并参与，由"社区领袖"出面组织两排紧邻的、门对门板房的居民，经常在弄堂之间以座谈会的形式共同协商和研究由居民自己解决问题的办法。这一社区工作模式，既增进了邻里之间的熟悉程度，亦促进了社区居民自我服务和自我管理能力，同时，又有利于社区共同体意识的培养以及社区自治精神的培育。此外，社区自助互助机制的建立也减轻了当地政府组织在管理方面的成本，减少了政府与居民之间在面对问题却无法解决时产生的误解和不满，对于官民信任关系的建立具有隐形的推动作用。

为了更好地明确社区内各类岗位的职责、发挥社区骨干开展工作的潜能，华东理工大学服务队提供了各种培训平台，诸如社区骨干培训、居委会主任培训、居民小组长培训、专业社工知识培训等，运用小组社会工作的方法，把团队动力建设、系统化问题解决策略、社区工作方法、社会服务方案设计等知识点融入培训过程中，并以体验式学习法作为服务方案设计的主要逻辑基础。如居委会主任培训的主要内容包括以下几点：第一，梳理工作思路；第二，探讨调动开展工作的策略；第三，研究安置社区居民自我管理的工作模式；第四，掌握社区工作方案设计技巧；第五，开展与管委会的沟通交流。①

（二）以组建社区团队和开展文娱活动为平台和载体，实现社区生活重新建构

灾后社区的恢复与重建，本质上是建构性的，是一种继承与发展，而不是简单地恢复灾前的制度和机制。因此，社会工作介入灾

---

① 华东理工大学社工服务队：《上海社工灾后重建服务团华东理工大学社工服务队工作总结》，2009年5月。

后社区重建，本质上是要帮助灾区建构一种既旧又新的社会关系及在其基础上的社会支持体系、社会服务体系和社会管理体系。这是灾后社会工作的制度性目标。[①]

在原有的社区团队组织解体、居民相互联系的路径尚未建立的情况下，社区工作中一个很重要也很有效的工作策略，就是协助社区居民成立不同形式的社区团体，开展受社区居民欢迎的文娱活动。四支服务队的社会工作者紧紧抓住这一核心，结合不同社区的特点，在了解当地文化的基础上，捕捉当地群众喜闻乐见的活动内容，挖掘社区中的活跃人物和活动骨干，并协助其获得社区管委会的认同和支持，组建形式多样的社区团体，开展丰富多彩的文娱活动。例如，帮助组建了老年舞蹈队、拳剑队、合唱队、腰鼓队、诗文社、社区青少年志愿者队伍、社区学校、居民活动室等各类社区组织；开展了"暑期幸福阳光课堂""我爱我家，温馨祥园"社区趣味运动会，"耆乐融融"茶话会等社区活动。这些活动不仅可以丰富灾民的精神生活，更重要的是，通过社区团体的组建和活动的开展，有利于社会关系重建基础上的社会支持、社区互助及社区自治体系或网络的建设。

无论是以"巷巷会"为代表的社区发展模式，还是社区草根文娱团队的培育和发展，其最根本的内涵在于撬动了社区中的基层力量。通过组织者与被组织者之间、被组织者与被组织者之间的互动交流过程，找出可能的实践策略，实现灾后社区互动机制的重新建构、灾后社区生活的复原与改善。

这里特别需要强调的是，社会工作作为专业的助人者，需要时刻反思的是如何通过形式多样的社区活动实现受灾居民的社会关系重建、能力重建，推进信任，凝聚社会资本；如何通过社工最初的助人活动，实现受灾民众自我能力的提升，以及受灾民众之间和受

---

① 徐永祥：《建构式社会工作与灾后社会重建：核心理念与服务模式——基于上海社工服务团赴川援助的实践经验分析》，《华东理工大学学报》（社会科学版）2009 年第 1 期。

灾社区内部互助能力的提升。如果没有上述的反思，没有实现由活泼热闹的社区活动向社区互助能力提升的实质性转变，难免招致"社会工作者就是做游戏"的诟病。

第三节　服务效果反思

"上海社工灾后重建服务团"在进驻安置社区之后，通过持续专业的社工服务，在灾民心理情绪支持、救灾资源协调和挖掘、灾民能力促进、灾后社区关系修复与重建、促进新社区整合、信息提供咨询等方面发挥了重要的作用。扮演了服务提供者、资源动员/链接/输送者、心理/情绪支持者、服务的个案管理者、社会关系恢复/重建者、信息传递者、能力促进者、倡导者、协调者、咨询者、教育者甚至研究者等多元的角色。但是，因为是第一次参加灾后救援，无论是在服务阶段、服务内容，还是服务成效等方面，服务团都存在诸多的不足与缺失。

一　服务的阶段性反思

在灾害动态周期变化的过程中，不同阶段所需的专业人力资源是不同的。灾害紧急救援阶段，救援的重心是生命安全维护，人力资源主要以医生、工程人员和消防人员为主；在短期安置和恢复重建阶段，灾后工作重心转为住宅、就业、就学、社会救助、家庭重建、创伤后压力症候群的处理，因此，人力资源的主力转为以社会工作、心理、医疗保健、住宅、教育、就业服务人员为主的阶段。[①]也就是说，随着灾害周期的动态变化，社会工作角色功能的发挥呈现出"由弱变强"的递增趋势。笔者将社会工作角色功能嵌入灾害管理的四阶段中，勾勒出灾害社会工作功能强弱走势图（如图5－2所示，虚线表示灾害社会工作功能强

---

① 林万亿：《灾害管理与社会工作》，《社区发展季刊》2010年第131期。

弱变化）。

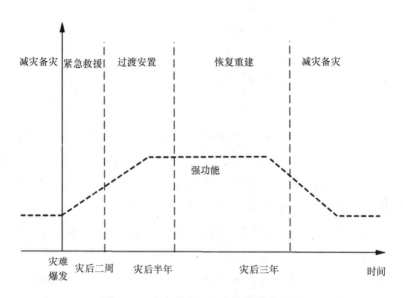

图 5 - 2　灾害社会工作功能强弱走势图

需要强调的是，以上四个阶段之间并没有精确的时间界限，而是一个环环相扣、有些环节甚至重叠的循环周期；社会工作在不同阶段的服务重点虽然不同，但是提供服务的方向大致是相同的；社会工作在"紧急救援"阶段的功能固然重要，然而其在"过渡安置"和"恢复重建"阶段的功能则更被期待。社会工作者通过了解灾害管理的动态周期过程，掌握不同阶段社会工作者被期待的角色和功能，以及每个阶段功能发挥的强弱趋势，有利于制定整体性、系统性和持续性的服务计划。

令人遗憾的是，"5·12"震灾之后，中国社工界在参与灾后救援的过程中出现的普遍情况是：在紧急救援阶段，由于"社工的不成熟和不自信，当地政府的不接纳，民政不放心，国家没政策"，所以使社工界整体错过了开展服务的机会[①]；在过渡安置阶段，受灾地

---

① 王曦影：《灾难社会工作的角色评估："三个阶段"的理论维度与实践展望》，《北京师范大学学报》（社会科学版）2010 年第 4 期。

区出现了社会工作"大爆炸"的现象;在最需要社会工作功能发挥的"恢复重建"阶段,灾区却出现了社会工作"大撤退"的现象。[1]

当然,"上海社工灾后重建服务团"同样也难以避免上述困境。在紧急救援阶段,可以说上海社工整体上也错过了紧急救援服务。从第一批上海社工进驻都江堰安置社区的时间(2008 年 6 月 25 日)算起,地震后的都江堰已经进入了过渡安置阶段。由于从来没有参与过灾后救援的经验,在此之前的时间里,上海社会工作实务界和学术界以及相关政府部门首先要处理的任务包括社工人员的招募、服务团队的组建、服务团队合法性的取得、灾难服务相关知识技能的紧急培训,以及与都江堰相关部门的沟通协调等。从理论上讲,这些本该在"防灾减灾"阶段就准备就绪的事宜,却延推到"紧急救援"阶段来完成。

在过渡安置阶段,"上海社工灾后重建服务团"在安置社区的工作实际上是"摸着石头过河"。从 6 月 25 日华东理工大学社工服务队进驻灾区之后,2008 年 7 月,其他三支服务队先后进驻安置社区,一直到 2008 年 12 月底,四支服务队根据灾区的实际需求,开展了不同层次、不同内容的专业社会工作服务。但是,在没有充分准备的情况下进入灾区开展服务,其服务效果可想而知。进入灾区之前,社会工作者虽然会针对灾区的情况和相关注意事项进行事先说明,但是基于平时并没有灾变工作的教育训练,在有限时间、特定空间情境下的现场救灾其实是一种"摸着石头过河"的粗浅尝试。这不但不利于整个灾区服务的推进,甚至有可能伤害到服务对象。[2]

在恢复重建阶段,"上海社工灾后重建服务团"整体性撤出都江堰安置社区,由直接提供服务转变为间接提供培训和督导。2008

---

[1] 张和清、裴谕新、古学斌等:《灾害社会工作——中国的实践与反思》,中国社会科学出版社 2011 年版,第 35 页。

[2] 孙智辰、郭俊严:《风险社会下灾变事件对社会工作人力教育影响之初探》,《非营利组织管理学刊》2010 年第 8 期。

年12月，"上海社工灾后重建服务团"整体撤出都江堰安置社区。虽然整体撤出的背后有很多客观因素，比如，阶段性目标的达成，以高校教师和学生为主的社工队伍不可能长期在灾区提供服务，人力资源出现较大短缺和不足，以及缺乏足够的经费支持、过于频繁的人员调动轮换难以持续等。① 但是，这样的撤出，从社会工作的专业角度以及对受灾社区和居民来说，都是一项不符合伦理要求的做法。

如果用"因为社工第一次参与灾后救援，缺乏经验与准备"来为"5·12"震灾后社工的集体性迟缓行动做解释，相信业内、业外人士都可以理解。不过，如果进一步追问"如果灾难再次降临，上海社工准备好了吗？"相信这样的问题，没有人可以给出答案。这也正是笔者不断反思和撰写本书的初衷所在。正如学者马哈思维塔·巴纳吉和大卫·吉莱斯皮（Mahasweta M. Banerjee & David F. Gillespie, 1994）所指出的，在"预防胜于治疗"的时代，不强调预防观念的灾害管理工作势必带来更大的风险与灾难。而有效的预防与准备工作，能间接减少重建期的人力、物力等资源的投入，以有效节约更多社会成本。②

二 服务内容反思

（一）资源体系的整合与连接服务还有待提升

资源体系的开发与连接是一个整合型的工作，包括了解安置社区中谁需要帮助？需要什么帮助？灾区现有的资源（包括正式资源和非正式资源）有哪些？社会工作者可以整合和连接的资源有哪些？等等。社会资源供需必须结合人力、财力及专业知识的服务资源，凭借供需调节、资源转换及转介服务等功能的运作，来满足受

---

① 张粉霞：《合作与冲突：灾难服务中的政社合作机制研究——以上海社工灾后重建服务团为例》，《晋阳学刊》2015年第1期。

② Mahasweta M. Banerjee & David F. Gillespie, "Linking Disaster Preparedness and Organizational Response Effectiveness", *Journal of Community Practice*, Vol. 1, No. 3, 1994.

灾民众对福利服务的需求。①

　　了解灾区居民需求是社工服务的第一步。在社工服务队进入安置社区后，通过逐户拜访的方式，可以很好地了解、掌握社区居民的需求。但是服务队对于需求评估之后的资源对接任务，即"社会资源供需的结合与规划推进"却做得不够。面对受灾居民的需求，社工服务队的第一反应是"我们服务队手里没有资源"的无奈感。当身陷资源匮乏的困境时，服务队往往忽视了资源的可开发性、可连接性、可转换性及可转介性。其实，在安置社区中，除了管委会掌握了大量的震灾资源之外，社区还有很多与社工服务队性质相似但服务内容不同的其他非营利社会福利服务组织，这些服务组织自身也具有可以转化、利用的物资资源或专业服务资源。

　　　在灾后服务的组织中，有正式的、非正式的，还有就是不同专业领域的组织，不仅仅是社工队伍，也包括其他专业队伍，比如心理咨询。每一个组织到底服务什么内容，应该有一个适当的定位和分类。但是我们缺乏一个强有力的组织指导，根据每支队伍（甚至每个人）的特点、角色功能来进行有效的任务分配，以保证每支队伍都能发挥最佳的作用。最明显的就是心理咨询师和社工师都进入了灾区，但是这中间不同专业之间其实并没有进行有效的整合分配。同样一个案主，早上接待了心理咨询师，下午又要接待社工师。送走了这一批社工，又要接待下一批社工，或者是心理咨询师，或者是媒体，这些案主每天都在重复这些事情。所以这中间非常缺乏一个专业服务整合、协调的机制……（访谈对象J）

　　从资源的数量来讲，安置社区中的其他组织就像社工服务队一

　　① 张菁芬、伍志明：《风险变异与社会资源介入莫拉克风灾的分析：以资讯平台为例》，2011年。http：//www.ccswf.org.tw/files/7100/14/2.张菁芬.pdf。上网日期：2012年11月15日。

样，每个组织所拥有的资源不一定很多，但其资源却具有独特性和差异性。从理论上讲，社会工作者可以将上述不同组织之间所拥有的数量有限的资源进行充分整合、规划、转化等，从而发挥资源的聚变效应，以更好地满足受灾居民的多元化需求。遗憾的是，一方面，由于无法嵌入到政府整体的救灾工作架构中，服务团的各类资源无法得到有效的整合和利用；另一方面，社工服务队较少与其他福利机构进行联系和互动，这种单枪匹马的"独立作战"方式和低效无序参与，不仅打击了服务队的参与热情，将社工服务队推到了一个"捉襟见肘"的狭窄服务范围中，而且在政府机构和非政府组织（服务团）之间形成了互相怀疑、指责的不良互动格局。

事实上，部分研究亦指出，在"5·12"汶川大地震之后，各类社工组织机构以不同的方式投入灾区，但是机构之间各自为政、独立运作，缺乏共同目标的指引，更缺乏制度化的合作依赖、资讯分享、资源整合等的合作沟通网络，造成了机构无序参与、资源浪费、服务重叠或服务死角等失灵问题。

（二）弱势人群的专业性服务尚显不足

在涉及弱势人群的服务中，社工服务队针对老年人、残障人士开展了诸如康乐活动、轮椅配送、志愿者服务等活动。但是对于其中问题复杂而特别需要关注的个体或家庭，比如，对丧亲的孤寡老人、丧子的中青年父母以及以老养残的特困家庭的服务，往往需要社会工作者扮演个案管理的角色，关注全人发展，评估案主综合情况，并针对评估出的多重问题与需求，提供持续性长效服务。但是由于每期服务队在安置社区仅有 20—30 天的服务时间，同时受限于社会工作者自身经验不足，服务队往往仅能提供外围的关心、探访等支持性服务，无力抑或是无心为那些需要专业干预、个案管理的困境家庭提供深入服务。

你说我在那里做的事情，事后回来想想也挺可笑，天天在那里给学生辅导作业。学生也忙得很，放学回来有很多作业，平时如果要搞一些活动，一般都放在周末，所以，平时我们这些社工就是等学生放学后给他们辅导作业。后来一想，你说我们做社工的有什么专业不专业。我作为一个教授，就是给小学一二年级的学生辅导作业（大笑）。第二我在想，可能即使灾害不发生，这些小孩的父母平时也不怎么辅导他们，这些学生可能也是自己完成作业。感觉跟社工实际的服务还是有一定的差距。社工的专业性还需要加强，一定要有不可替代性。如果仅仅是课后作业辅导，其实也根本不需要社工，更不需要上海社工千里迢迢赶过去嘛。在当地就可以招募。所以我们在设计服务内容时，一定要从自己的专业视角出发。说白了，就是我们社工的专业性确实还需要提高，最好能够做到不可替代性……（访谈对象 J）

此外，四支服务队都非常强调灾后社会支持网络的重构，但是却忽略了从综合性的视角开展灾后创伤压力服务的干预研究，即社会支持网络重建只是灾后创伤压力干预的一种方法和途径，而不是服务的全部。无论是实务界还是理论界，灾害社会工作面临的最大挑战之一就是无法提供专业的、充足的创伤压力干预服务。社会工作作为一种专业的学科，更需要从全面、综合的应激压力理论视角出发，借助心理学、危机管理等学科的理论，开展哀伤服务、丧亲家庭关怀、伤残家庭慰问、压力管理、灾难症候群辅导、危机事件应激解说法（CISD）等综合性灾后创伤压力服务。

三 运作方式反思

服务团人员的稳定性会直接影响服务结果的有效性。在实际的运作过程中，服务团过于频繁的人员轮换，导致服务无法持续和深化。

在服务团组建的初期，虽然组团方案中规定每支服务队的服务时间不少于 1 个月，但事实上，部分服务队每批队伍的服务时间平均保持在 20 天左右。这种分批次轮流、提供短期服务的运作方式，最直接的表现就是过于频繁的人员轮换；间接结果则为因人员频繁轮换而产生的数额巨大的交通成本费用；而最终的后果实则为服务效果不深入、服务项目无法持续。

第一，对于安置社区的居民来说，频繁的人员轮替服务，不仅不利于服务项目的深入推进，更是一种缺乏专业伦理的做法。

安置社区居民与社工服务队之间的关系常常处于"走了一批又来一批""不断更新的陌生面孔轮流交替"的疏离状态中。这种状态对于服务对象，可以说是一种"打扰"或"二次伤害"。

> 我们的人员轮换太频繁了。因为我们这次的服务还不是一种"内生式动力"所产生的服务，还是在政府的要求下去做这件事。所以，当时就组织者来说，可能会有"我去服务半年，是否会对我的生活工作有影响"的担忧。当时我提出是三个月换一次，现在回想一下，我当时提出的三个月换一次还是时间太短。每一批服务队都是由我送过去，因为我知道，老百姓其实最后还是"认人"的，谁给他服务好，他会一直认得你。所以，我们第一批要撤离的时候，我要求每一批队伍都要有一个正队长和副队长。在轮换的时候，正队长先去，副队长中间去，要交叉去。这样，第一批的正副队长之间和下一批的正副队长之间就有一个时间段的交叉重叠，以保证每支队伍都能够和当地居民之间连续地衔接。而且每批新的队伍过去，我都会一同前往，在那里陪他们待上 10 天。因为我是第一批去服务的，当地的老百姓认识我、熟悉我。这样做的主要目的还是希望我们的服务队能够和当地居民之间的关系不会断裂，和当地政府的关系能够保持密切的联系。但是到最后，当地老百姓还是说，"你们一批批来了很多，但是我们还是觉得第一批是最好的"。为什么会这样，因为第一次印象很关键，从专业角度来说，就是专业关系的建立很重要……（访谈对象 D）

第二，频繁的人员轮替服务，间接结果就是高昂的服务成本，特别是数额巨大的往返交通费成本。

在《上海社工灾后重建服务团经费使用情况说明》中，关于社工服务队员的交通费用支出如下。

> ……截至 2011 年 6 月，上海市社工协会以"上海社工灾后重建服务团"的名义募集的资金约有 140 万元（不包括四支服务队各自自筹的资金）。在以上经费的使用中，用于支付社工服务队往返"上海—都江堰"的飞机票约 61.9 万元，用于建设服务站（包括装备、床上用品、桌椅、药品等）费用约 15.3 万元，调研费用 2.8 万元（包括团部调研、团部参加民政部研讨会等费用），培训当地社工费用 5.7 万元……①

虽然从专业的角度来说，因提供服务而产生的费用均为合理的费用，但是费用的合理使用方式却是值得商榷的。短短 4 个月的服务期内，高达 60 多万元的交通费成本，无论是对于经费的最初筹集方，还是对于服务的委托方、服务的提供方，甚至是服务的接收方来说，这笔善款虽然不是恶意的使用，但是肯定没有达到善用的初衷。

第三，频繁的人员轮替服务，亦不利于服务项目的凝练、深化和持续，一些服务留于表面形式，无法深入推进。

> 所以，如果以后有类似的服务需求的话，我感觉还是要通过招募的方式，筛选比较稳定、能够提供较为长期服务的社工人员。医生、教师等专业人员，一般来说都是要服务一年的。那么我们上海要服务半年，那社工最起码要能够稳定、持续地

---

① 上海市社会工作者协会：《上海社工灾后重建服务团经费使用情况说明》，2011 年 7 月。

服务半年。我们社工是一个人与人之间相互影响的服务工作，20 天轮换一次，你想想，这怎么可能与当地居民建立关系？比如，对于那些"失亲"家庭的服务来说，20 天换一个服务人员，在服务对象看来，这种服务太没有诚意了，而且事实上这种方式也很难将服务深化……（访谈对象 D）

概言之，"上海社工灾后重建服务团"的服务特点与不足如表 5 - 5 所示。

表 5 - 5　　　　　上海社工灾后重建服务团的服务特点与不足

服务成效与特点	服务局限与缺失
介入路径："嵌入性"是社工服务队介入安置社区的最佳路径 服务内容：以社会关系的恢复与重建为主线，搭建受灾居民的互助体系和社会支持体系 服务目标：以"助人自助"为目标，实现受灾居民和安置社区的自助和互助能力建设 服务方法："社区为本"是切入灾民需求的最好的服务平台	介入阶段：错过了紧急救援阶段，而在最需要社工发挥作用的灾后恢复重建阶段，却又整体性撤出了灾区 服务内容：注重中观层面的社会关系重建和社区重建，而微观层面的弱势个人和家庭服务以及资源的开发连接服务并未深入 服务方式：人员的频繁流动与经费缺乏整合，导致服务成本支出较高

如前所述，因为是第一次的探索和尝试，无论是在服务方式、服务内容还是经费运作方面，都存在一定的缺陷和不足。但是更为重要的是，要对第一次的经验进行深刻的反思和总结，并参考借鉴其他服务团队及地区灾害社会工作的有益探索和已经积累的经验，进行持续、有效的改进和提升，为下一次的灾害服务做准备。

参考中国台湾"9·21 震灾"和"八八水灾"在过渡安置和灾后重建阶段所采用的项目委派的服务方式，笔者认为，随着灾后紧急救援阶段向过渡安置阶段的推进，以及服务项目、服务内容的明确化和稳定化，"人员轮换交替"的人力资源派遣方式应转变为"根据服务项目的需求委派社工进行较持久的驻地服务"的方式。

在上海社工进驻安置社区并对安置社区的基本情况了解之后（时间约一个月为宜），制定出相对明确、稳定的服务项目，每支服务队即可委派或招聘一定数量的社工（数量上3—5名社工，不需要每批队伍10人的数量）较为长久地驻扎在安置社区并开展以上服务项目；驻地社工服务的时间应该根据服务项目的推进进行调整或轮替，实现从"数字的捆绑"（每期服务时间为20天或一个月的数字化的硬性规定）中解脱出来，转而投入"项目委派"的需求。虽然这种"根据服务项目的需求委派社工进行较持久的驻地服务"的人力资源派遣方式亦会面临"人员招聘或委派困难"的难题，但是却可以避免"服务无法持续深化"的弊端，并且对于安置社区及其受灾居民来说，相比"过于频繁的人员轮替"，这种方式展示的是更有诚意的服务态度。

第 六 章

跨部门合作的困境

如前所述，没有哪一个组织或机构拥有灾后救援与重建所需的所有资源。面对"政府失灵"和"志愿失灵"，有效而可行的途径则是政府与非营利组织的协同合作。因此，在"灾害救援"这个共同目标的引领下，着眼于各自的优势与劣势，上海市民政局与上海市社工协会、华东理工大学、复旦大学、浦东社工协会、上海师范大学等几家机构联合组成了"上海社工灾后重建服务团"。其以政府主导下的契约式合作关系为基础，通过人力资源、物资资源的相互依赖，服务输送、功能互补等方式，进驻都江堰的四个安置社区，在救助灾民、社区和社会关系重建、弱势人群关注（如老人、青少年、妇女）等方面发挥了重要作用，受到中央和各级领导的高度赞誉以及广大灾区群众的普遍欢迎，社会反响热烈。

但是，组织间的合作关系是一个动态过程。合作初期的紧密互动与相互分享，并不意味着合作过程一定会"一帆风顺"，其间可能充满诸多的挑战、困境和冲突。"上海社工灾后重建服务团"在合作开展灾后服务的过程中，合作方彼此之间同样面临着诸多的挑战和困境。这些挑战和困境，不仅来自因专业服务能力欠缺所导致的服务品质和服务内容不足，同样也有来自服务团内部组织成员之间在沟通互动过程中产生的冲突和矛盾。

第一节　跨部门合作困境的理论分析

协调合作常常被认为是组织发展的重要资源之一，并作为达成组织目标的一个重要策略而备受推崇。然而，组织之间的协调合作有时候可能面临种种困难或冲突，导致双方的伙伴关系密度下降，甚至可能产生破局的状况。

如前所述，学者罗纳德·麦奎德（Ronald W. McQuaid）认为，政府与非营利组织的伙伴关系也会因为其互动过程的不同而产生许多问题，这些问题包括缺乏明确性目标、资源成本问题、不对等的权力关系、派系权力的介入、对其他服务的影响、组织的困境以及伙伴间不同管理哲学所引发的争议等。[①]

（一）缺乏明确性目标

缺乏明确性目标通常是影响伙伴关系失败的主要原因，这包括主要目标、次要目标与细节目标等。伙伴彼此间可能都了解具体的目标及方向，但对于细节目标不了解时，容易产生误会、妨碍整合，甚至可能形成伙伴间的冲突。

（二）资源成本问题

资源成本也是在伙伴关系建构过程中必须要考虑的问题，例如，双方讨论与达成协议的时间，或由于决策的延迟而产生的时间。这些都是无形的成本浪费，不仅无法促成伙伴关系，更可能破坏其他更深层次的关系。此外，权责也是资源成本所产生的问题，一方面有执行的责任，另一方面有监督的责任，责任与控制两者是分立的。伙伴关系要成功，不能只考虑自己的成本，如此将会扭曲许多的判断，必须将所有的资源成本都联系起来，并和整体的成本利润进行相互比较，而不是将焦点聚集于每个伙伴的成本与利

---

① Ronald W. McQuaid, "The Theory of Partnership: Why Have Partnership?" in Stephen P. Osborne (ed.), *Public-Private Partnerships: Theory and Practice in International Perspective*, London: Routledge press, 2000, p. 35.

润上。

（三）不对等的权力关系

在多数的伙伴关系中，都有不对等的权力关系存在。虽然这种权力关系可能会造成彼此间的紧张与冲突，但是这种权力关系的存在可能是动态的，亦即非营利组织可以通过民主的方式牵制政府部门的权力。

（四）派系权力的介入

伙伴关系的目标与营运状况常因某些行为者、派系和团体的介入，导致他们的利益大于总体社会福利。这种问题常在团体决策困境中出现，因而使得一些不合理或是不太理想的决策被提出来。

（五）对其他服务的影响

伙伴关系可以被视为一种选择性的结盟，是针对主流服务议题提供处理的方法。因此，在主流服务中所呈现的规模和整合情形是相当重要的。如果资源接受者可以从其他伙伴关系中获取主流的资源，或是扰乱了资源接受者对于服务的意向，那伙伴关系的效能便会降低。

（六）组织的困境

组织的困境包括组织本身的因素、法规或技术上的因素和政治上的因素等。在组织本身的因素方面，包括使命不同、专业取向不同、组织机构与流程不同等，都有可能影响伙伴关系的发展；在法规或技术上的因素方面，包括由高层所设立的形象与管制和组织技术上的能力与实务等，也会影响伙伴关系的发展；在政治上的因素方面，外部的政治环境与组织内部的层级节制体系，都会影响伙伴关系的发展。

（七）伙伴间不同管理哲学所引发的争议

伙伴间可能存在不同的管理哲学，当困境产生时，这些不同的意见会更加凸显。因此，彼此在管理哲学上的思维差异是影响伙伴关系建构的因素。

台湾学者刘丽雯就政府与非营利组织之间协调合作中可能面临的问题做了详细的分析，主要有以下几个方面。[①]

（一）组织之间的沟通问题

组织在协调合作的过程中，发生沟通不良的情形是一个相当普遍的问题。虽然对信息、资讯的沟通了解是组织之间协调合作的基本先决条件，但是，由于个人或组织的背景不同，在沟通过程中，对信息的认识和解读并不完全相同。一个常见的情况是，组织常由不同层级以及不同功能的工作人员组成，包括不同层级的行政人员与专门的技术人员，还有第一线的工作人员等。他们会依据个人的文化背景、组织情境等来解读相关资讯。以社会福利组织为例，第一线的工作人员所关心的通常是案主的利益，然而行政人员却背负着机构生存与发展的压力。因此，当一个服务输送协调合作系统被推广到这个组织时，就第一线的社会工作人员而言，可能将这个协调合作系统视为能够为案主转介带来正面结果的资源；而组织的行政人员所关注的焦点却是担心这样的合作关系是否会为组织的自主性以及成本带来风险。更进一步说，由于每一个组织的服务领域以及机构使命均有所不同，这些都可能会在沟通时造成彼此在认识上的差异。另一种沟通问题则是负责协调合作接洽的人员更换频繁，而新接手的人尚未充分熟悉之前的情况。这种新旧频繁交替也是沟通不良产生的重要原因。

（二）协调合作的成本考量

协调合作常使得组织之间在行政工作的执行上增加成本，这在组织间建立正式的结构关系时表现得尤为明显。因为在建立正式的协调合作关系时，需要将双方的关系书面化，而且资讯及活动的交流都必须通过正式的渠道进行。另外，非营利组织与政府相关机构通过特定项目建立的合作关系，也是常见的例子。非营利组织在与

---

① 刘丽雯：《非营利组织：协调合作的社会福利服务》，台北双叶书廊有限公司 2004 年版，第 59—66 页。

政府建立协调合作关系时，不可避免地面临许多烦琐的文书工作以及政府机构的官僚体系，并且执行方式要符合政府法规在财政上的责任标准。例如，政府机构会要求非营利组织准备详细的财务与会计系统，以备其定期监督。此外，政府机构要求的结案报告也会耗费非营利组织的时间和金钱。最后，由于政府官僚体系在制定预算时手续繁多，耗费时日，所以很有可能在付款时拖延时间。这种拖延的情形有时会造成非营利组织在财务管控特别是现金流量控制上的困难，甚至增加服务项目的执行成本。

（三）组织的自主性考量

组织的自主性考量也是决定是否建立协调合作关系的一个关键议题。就个别组织而言，在与其他组织建立协调合作关系时，有可能会威胁到其案主的权益、服务方式以及服务方案内容等决策时的自主性。在一个协调合作的关系中，要想同时兼顾个别组织的自身利益以及所有成员的团体利益是很不容易的。

（四）组织之间的权力结构议题

当组织之间的协调合作关系的主导权落入其中一个组织成员身上时，则其余的组织成员在维持其个别的组织自主性时，将面临极为艰巨的挑战。

（五）协调合作功能消长的议题

组织间建立协调合作关系的重要功能之一，是达成服务的整合与互补，通过提高服务品质，以满足案主的需求，并降低组织成员在服务输送时的重复浪费。然而，广泛的协调合作却有可能因为删减掉了组织重复的服务，而将有必要的重叠性服务功能破坏了，以至于降低了服务的品质。因为有时在服务输送系统中提供重复的服务有其必要性，可以借此维系案主对于所提供服务的可接近性，并提高服务品质。

此外，协调合作的结构造成了组织成员间互动的增加。这样的情形很可能只会增加组织间的相互依赖，以及服务输送系统的复杂性，但并不一定能够确保提供更完整有效的服务输送。

（六）组织内部的冲突问题

在一个协调合作的组织关系中，个别组织可能因为不同层级人员的认知与观点的差异，不但造成组织内部的冲突，也会影响组织之间的协调合作功能。一般而言，服务输送系统中的组织内部人员可以分为四个主要的利益团体：由决策者及财管人员组成的支持团队；由协调合作单位所雇佣的专业工作人员及行政人员所组成的协调负责团体；个别组织中的经理人及行政人员组成的行政运作团体；由案主及一般大众所组成的需求团体。由于这四个利益团体在组织中各自拥有不同的责任与关注的焦点，所以，它们对于用来评估组织协调合作的影响的标准各有不同的看法。对支持团队来说，服务输送的效率及可及性是评估协调合作的最重要指标；协调合作单位则是将冲突的层级与协调者控制的幅度视为评估协调合作影响的重要标准；另外，行政运作团队则是注意协调合作策略对组织的自主性、风险以及大众支持的影响；而需求团队则是以他们与协调合作网络中决策者联系的难易程度作为评估协调合作的标准。在一个协调合作系统中，不同层级的成员使用不同的评估标准，其结果将造成组织成员的困惑，并且成为达成团体共同利益的绊脚石。

还有学者提出，公私部门在互动的过程中亦可能出现以下困境：政府机构层级复杂，公私部门难以配合与贯穿；合作过程监督审议太多，削弱了合作的契机；公私部门对公共事务的认知差异；公私部门害怕被冠上"官商勾结、图利他人、利益输送"之名；公私部门的资讯具有垄断性，无法流通。①

此外，官有垣分析发现，非营利组织投入"9·21震灾"救援工作过程中，面临的问题包括各自为政，互不统属；资源分配与使用的重叠与浪费；天然灾害救助专业服务知识和能力的普遍不足，

---

① 吴英明：《公私部门协力关系之研究：兼论公私部门联合开发与都市发展》，台北丽文文化事业公私印行1994年版，第88—91页。

以及特定服务项目的欠缺；组织间普遍不愿意结盟与互通信息、分享资源，以致服务灾民的成效大打折扣。[①]

第二节　跨部门合作的困境表现

从上述的分析可以看出，在合作过程中，组织之间面临的困境或冲突，既有来自组织自身的缺陷，也有来自组织之间在互动过程中所产生的冲突。笔者将上述学者所分析的合作困境整理归类为以下三个层面：资源困境、责信困境、信任困境，并结合"上海社工灾后重建服务团"在服务过程中的实际互动情况，进行逐一分析。

一　资源困境

有学者将"上海社工灾后重建服务团"的运作模式界定为"嵌入政府体制"的模式，并认为这种模式的优势是"与地方政府关系很好，经费有较充足的保障，服务工作人员较多"，等等。[②] 但是，诸多研究证明，资源不足的困境是政府与非营利组织合作过程中经常面临的最主要的困境。"上海社工灾后重建服务团"亦难以摆脱这一困境。

在合作关系建立的初期阶段，"上海社工灾后重建服务团"貌似具有较为丰富的资源。在行政资源方面，因为有上海市民政局的争取与支持，在短短一个月的时间里，取得进驻都江堰开展服务的"合法身份"，并得到了都江堰民政局的较多的行政支持；在人力资源方面，社工人力资源的数量确实不少，在短短五个月

[①] 官有垣：《非营利组织在台湾的发展：兼论政府对财团法人基金会的法令规范》，《中国行政评论》2000 年第 1 期。

[②] 钱宁：《四川地震后的政府、非营利组织与社区合作关系思考》，《灾害救助与社会工作（2010 两岸社会福利学术论坛）》，台湾中华救助总会、财团法人中华文化社会福利事业基金会 2010 年编印，第 325—333 页。

的时间里，共有 200 多人次前往都江堰开展服务；在经费资源方面，政府负担所有的工作人员前往都江堰开展工作的往返交通费、设备费、建站费用等。但是随着合作关系的不断推进，服务团面临的资源不足的困境逐步凸显，并成为后续合作关系终止的重要因素。

（一）人力资源困境

从整体来看，"上海社工灾后重建服务团"的社工人力资源的数量并不少。

"……自（2008 年）6 月 25 日以来，截止到（2008 年）11 月 28 日，'上海社工灾后重建服务团'共有 24 批计 206 人次前往都江堰开展服务。其中，华东理工大学服务队 8 批 74 人，浦东社工服务队 5 批 43 人，阳光·上师大服务队 5 批 37 人，复旦大学服务队 5 批 40 人，专家先遣团 1 批 12 人。"①

通过"200 多人次"数字的背后，我们可以发现，社工服务队的人力资源并不是一直处于充沛的状态，事实上，经历了由人力资源充沛到不足再到枯竭的过程。

在灾害刚刚发生之后，在集体的利他主义情节的感染下，不仅社工系（所）的老师和学生前往灾区开展服务的热情高涨，而且社会上想要前往灾区的人员亦出现爆棚的景象。2008 年 6 月中旬，上海社工协会向社会发出"赴都江堰开展灾后服务社会工作者招募书"，前来报名的达到 1000 多人。但是随着时间的推移，当灾害救援中的英雄主义与蜜月期过后（Brenton，1975②；Web-

---

① 上海市社会工作者协会：《上海社工灾后重建服务团工作报告》，2008 年 11 月。

② Brenton, M., "Studies in the aftermath", *Human Behavior*, Vol. 4, No. 5, 1975。Brenton 在 1975 年时将灾变发生时的社区反应区分为两个阶段：早期和晚期，并指出早期是属于英雄主义阶段，大家之间相互协助的愿望极高，并出现英雄主义行为；但这种乌托邦的陶醉感，在六周或八周后就会结束。

ster, 1995①），人们对灾害的关注与投入的热情逐渐消退。随着 9 月暑假的结束，老师和学生都要返回学校开始原有的工作，老师原定的教学科研任务、学生的学业等纷纷被提上日程，志愿性的灾后救援工作与服务人员原有的日常工作发生了明显冲突。迫于原有工作的需求和压力，许多分身乏术的老师和学生以及一些机构的社工人员纷纷撤离灾区，转身投入自己原有的工作岗位上。在这种情况下，"上海社工灾后重建服务团"的人力资源出现吃紧的状况。但是服务团并没有根据情境的变化而灵活改变服务策略，而是仍然坚持"服务人员短期轮换"的方式。因此，有些服务队采取减少服务人数的方式，将每批队伍 10 人的人数逐渐减少为每批队伍 5—6 人的策略加以应对。到了 11 月中下旬，人力资源匮乏的状况日益严重，服务队撤队的呼声逐渐凸显。

　　频繁的人员流动也是没有办法的办法。本来我们去到都江堰已经挺不容易了，因为大家都有日常性的工作。特别是我们学校，本科的课程一旦定下来基本上是不能动的。允许那么多老师调换课程去都江堰服务，基本上所有的课程体系全部被打乱了，其实是很不容易的。应该说各个方面大家还是花了蛮多心思的。但是确实有很多限制，所以只能采取这种轮换的方式。当然，轮换的方式是有很多很多的问题，比如说，我们原本是想以"社工"的名义来做的，但是社工的整个专业力量还是弱，比如我们老师总共就那么十多个人，我们肯定撑不了半年的，后来就把整个学院放进去。我们基本上是以教师加研究

---

① Webster, S. A., "Disasters and disaster aid", In Richard L. Edwards (Editor-in-Chief). *Encyclopedia of Social Work* (19th ed.). Washington D. C.: National Association of Social Workers Press, 1995, pp. 761 – 771. Webster 将灾后社区的反应整理为四个阶段：（1）英雄主义阶段：紧急救援阶段会出现自动自发的合作行为以及利他主义和互助精神；（2）蜜月阶段：灾害发生前的争吵或矛盾，会因灾害重建的共同目标而停止，社区出现乐观与积极的情绪；（3）幻灭期阶段：因灾后重建的困难及相关烦琐的事情，社区情绪开始进入颓废幻灭期；（4）重建阶段：居民觉得社区会有再生机会，生活会比灾前变得更好。

生加社工的组合架构的。其实，浦东社工服务队一直是以社会工作 NGO 为主要专业力量来做的，他们社工人力比较充足，而复旦大学其实也没有那么多的社工老师，所以后来也撑不下去了。比如上师大，社工老师也不够，她们是与阳光（上海市阳光社区青少年事务中心）合作。这确实是很现实的问题……（访谈对象 W）

人力资源不足的困境是日后"上海市社工灾后重建服务团"撤出都江堰安置社区、由直接服务转变为间接服务的最主要的因素之一。

（二）服务经费困境

服务经费的困境主要体现在两个方面：一是经费来源的认识差异；二是服务经费的运作缺乏整合。

1. 经费来源的认识差异

这种认识差异最突出地体现在服务经费"分别承担"的议题上。

在经费的运作使用方面，四支服务队与上海社工协会的协议中有如下规定。

第四条：合作费用

（一）甲方（上海市社工协会）负责费用

1. 服务团建站费用（包括标识、旗帜、药箱、地图，以及床铺、蚊帐等必要的生活用品等），由甲方负责解决。

2. 服务团团员的必要装备（如带有统一标识的 T 恤、帽子、防雨夹克、电筒、电池、杯子等）、往返机票、保险费用，由甲方负责解决。

（二）乙方（四支服务队）负责费用

服务团在四川开展服务期间的所有费用，均由乙方负责解决。①

2008 年 7 月 25 日，在笔者参加的一次会议上，服务团的最高
决策领导认为，"既然是社工服务队，就要学会自谋经费，不能完
全躺在政府身上，因此，民政局只负责一部分经费，其余的费用应
该由服务队自行解决"。

面对这样的经费分担方式，四支服务队内部有不同的看法。有
些人认为，这种模式"合情合理"。

> 我觉得政府要扮演提供服务平台的角色，就是政府要释放
出服务的岗位和平台。这不仅包括上海政府，更是指受灾区的
政府。就是政府要达成一个共识，在灾害的危机干预和灾后重
建过程中，要重视社工专业力量的介入，就是政府要提供舞
台。如果政府不提供舞台，那我们是很难介入的。我们这次成
功的做法，我感觉就是上海市民政局与都江堰民政局的合力推
进，把我们社工安排到安置社区，如果当时没有这方面的支
持，我们其实是很难进入的。另外，政府要给予资金的支持，
当然不是全部的经费，如果政府给社工机构全部经费，那证明
你社工机构是没有能力的，更多的资金还是要靠社工机构去挖
掘，特别是挖掘当地的资源。我感觉如果社工的经费全部要靠
政府来提供，那政府也没有必要让社工参与了，政府原来那套
运作机制也感觉过得去。没有社工的安置点，不也挺好吗？因
为我们国家本身是个强大政府，没有你（社工），政府也是可
以做到的，所以关键是在国家大的灾害政策中，政府要认识到
社工的作用和地位，同时要给社工提供服务的舞台。至于其他
的一些资源，还是要靠社工机构去挖掘和运作的。如果经费还
是完全由政府来提供，那政府何必那么累呢？政府另外组建一

---

① 上海市社会工作者协会：《上海社工灾后重建服务团合作协议》，2008 年 6 月。

批自己的人去服务，可能他（政府）还要省力呢！……（访谈对象 D）

有些人则认为，"上海社工灾后重建服务团"既然是由上海市民政局牵头发起并主导成立的，那么在职能分工上，应该是"上海市民政局出钱、四支服务队出力（出人）"的模式。

> 这中间，很多理念是有问题的，比如民政局说他出钱、出飞机票，我们服务队就要给他想要的东西，这不能这样讲，不能有这种想法。那反过来，专家也要讲，这本来就是政府应该做的，我是放下我的工作替你来做本来应该由你们（政府）做的事情。既然你政府是服务的购买者，那当然应该支付购买服务的费用了。当然在当时的情况下，我们大家更多的是考虑如何开展灾后服务，特别是在那种紧急情况下，要服务队特别是由高校老师和学生组成的服务队去临时募集资金，其实是有很大挑战的，一方面我们平时的主要任务是教学科研，社会资源的信息及关系比较少；另一方面，我们不仅要去灾区开展一线服务，同时还要考虑这些服务经费从哪里来，这其实困难是很大的。我们不像浦东社工实务机构，他们平时就跟一些资源机构是有联系的……（访谈对象 S）

对于四支服务队来说，其原有的机构本身（或高校院所，或社工机构）并没有额外的经费用于支付服务所需的费用，这笔经费需要服务队通过项目申请等方式，向各个基金会或其他机构进行筹集。这无形中给四支服务队增加了诸多的压力。一方面，有些基金会的项目经费最高额度仅有 5 万元，因此，服务队需要"巧立名目"申请多个项目，或者向多个基金会申请项目，而且大多数项目都是短期项目，缺乏长期持续性；另一方面，对于一些服务队来说（特别是高校的社工老师和学生），之前并没有项目经费申请的实务经验，工作人员的资源争取、挖掘和协调能力比较欠缺。因此，项目经费申请的过程亦是一次学习的过程，其中必然充满种种挑战和困难。

迫于行政压力以及当时灾后救援服务的紧迫性，四支服务队还是分头寻找开展服务所需的相关经费。这样的认识分歧为日后服务团内部相关工作的难以协调埋下了伏笔。

2. 经费运作缺乏整合

经费运作缺乏整合主要体现在民政局负责往返交通费和建站费，而四支服务队负责在地服务所产生的其他费用。服务团团部和四支服务队之间这种"分别分担、缺乏整合"的经费运作模式最直接的后果就是产生了数额庞大的交通费用。

> ……截至 2011 年 6 月，上海市社工协会以"上海社工灾后重建服务团"的名义募集的资金约有 140 万元（不包括四支服务队各自自筹的资金）。在以上经费的使用中，用于支付社工服务队往返"上海—都江堰"的飞机票约 61.9 万元，用于建设服务站（包括装备、床上用品、桌椅、药品等）的费用约 15.3 万元，调研费用 2.8 万元（包括团部调研、团部参加民政部研讨会等费用），培训当地社工费用 5.7 万元……①

从服务团的经费使用说明中可以看出，仅交通费一项就高达 60 多万元，占所有经费支出的 46%。虽然这些费用是"因服务而产生的费用"，看似"合情"，但是"因欠科学的运作方式而导致不合理的费用支出"，显然有悖于"科学、理性、节约"的救灾经费使用原则。

---

① 上海市社会工作者协会：《上海社工灾后重建服务团经费使用情况说明》，2011 年 7 月。

其实服务经费也缺乏整合。据我了解，社工服务队整体用于购买社工往返都江堰的飞机票大约有 80 万元，这个数字并不小。如果将这笔钱整合成项目运作经费，分别拨付给某一支服务队，由该服务队进行支配的话，那这个服务机构绝对不会这样运作的。对于四支服务队来说，反正我去多少人，都是你民政局报销飞机票，所以，各支服务队也不会去考虑经费成本的问题。当初之所以有这种"民政局报销飞机票、各支服务队提供在地服务经费的做法"，我个人觉得，这中间与上海市社工协会没有发挥好整合、协调的功能是有很大关系的。这中间，缺少一个组织机构来考虑怎样把这些钱用得更有效、更节约、更经济。那上海社工协会其实应该来做这件事情的。想想该怎么去募集资源、怎么去分配资源等，市社工协会要发挥整合资源的功能，不是简单地把政府的钱拿过来，给大家做做报销工作而已。我参加过好多次会议，一直感觉市社工协会始终没有拿出一个意见出来，始终没有想法。其实它能够获得的资源比我们区社工协会要多得多，比如，它可以直接对接市慈善基金会、市红十字会等，它可以去募集资金……（访谈对象 D）

此外，这些费用最初是按"上海市民政局办公室直接为服务人员购买飞机票"的支付方式运行的。随着交通费用支出金额的逐渐增大，上海市民政局承担着"经费审计"的风险以及"经费使用是否合理"的质疑。为此，上海市民政局将这项工作转交给上海市社会工作协会来负责，以此转嫁风险。

笔者认为，"缺乏统筹、分而治之"的经费运作方式亦是服务团不得不反思的问题。"民政局负责交通费和设备费用""服务队负责工作人员在地服务的生活费和工作经费"，这种"经费分别负担"的方式，初衷可能是出于"责任分担"的愿景，但是导致的一个"非意图"后果却是"用人——花钱——服务"的缺乏整合性、统筹性的经费使用逻辑，势必造成经费使用的不合理，甚至浪费。

遗憾的是，当"缺乏统筹、分而治之"的经费运作方式和"分批次轮流运作"的服务方式相遇并叠加时，最直接的体现就是服务成本的提高和服务项目的无法深化持续。这种运作方式，不仅造成了经费的无法合理配置使用，还无法保证服务的持续性和深入性，引起了"经费投入与效益不成比例，有些组织注重活动的形式超过内容"的社会质疑也就不足为奇了。[①]

二　责信困境

责信是指在任何情境下，执行权力的个人或组织都应该受到外部机制以及某种程度的内部规范的合理规制。在中国，对服务团这类临时性救援组织的监管方面，长期以来缺少财务、服务等相关法律法规的外部规制，这是一个存而不论、无可回避的问题。在此背景条件下，如何发挥服务团的内部约束作用就显得更为重要了。但从实际情况来看，各主体之间并未形成平等的合作关系与有效的相互约束，这主要体现为以下方面。

（一）非政府组织难以制衡政府部门

从经费提供、政策决策和地位平等的角度来看，服务团在成立初期，其内部并没有形成真正的平等合作关系。相较于其他几家组织机构而言，上海市民政局在服务团内部占有相对优势的主导地位。非政府组织一旦接受政府机构的资助，则必须要承担机构自治权丧失的风险。换言之，非政府组织有可能因为接受了政府的经费赞助，使其机构自主性因政治干涉而导致政治妥协。

　　你会发现，政府还是习惯于那种大的抗震救灾总指挥部，

---

① 钱宁：《四川地震后的政府、非营利组织与社区合作关系思考》，《灾害救助与社会工作（2010 两岸社会福利学术论坛）》，台湾中华救助总会、财团法人中华文化社会福利事业基金会2010 年编印，第 325—333 页。

你们（一些 NGO 组织）就是我们下面的组织，你们做什么要跟我们汇报的理念。其实从整体来讲，这个架构是有问题的。关键问题还是不要把社会组织嵌入或吸入政府里面。也就是说，政府不要把社会组织吃掉，而是要平起平坐，要合作，要有这样一种态度和理念……

政府之所以会问"你们社会组织能做什么"这样的问题，其实它可能还是觉得我政府要钱有钱、要人有人，比如盖房子什么的，你社会组织能做什么？它其实没有注意到一个问题，就是一个健全的国家其实是三分的，一个是市场、一个是政府，一个是社会。比如企业界过去，它就不会问这个问题，因为企业很清楚，它们就是出钱或者出人，比如盖房子之类的。但是，我们社会组织的长项在于提供专业福利服务，这是靠政府一家不能完全承担的。政府只是提供最基本生活的保障，并没有在保障基础上的服务。服务是个大概念，政府在做服务，企业在做服务，我们也在做服务，但是服务的内容是很不一样的。如何表达这个服务，用"全人"的概念来诠释。对于精神、心理、社会功能的服务，可能政府还没有意识到……（访谈对象 W）

（二）政府部门难以监管非政府组织

权力关系的平衡是一个动态的过程，非政府组织可以通过专业力量和信息优势等因素来牵制政府的权力。虽然政府作为组织方和资助方，拥有最有效的控制方式——对非政府组织的责信要求和绩效评估，但是，由于政府往往难以深入实践中去掌握信息和动态监管，所以对于非政府组织的责信衡量与绩效评估出现困难，也是不可否认的事实。

事实上，在"上海社工灾后重建服务团"进驻都江堰开展服务之后，四支服务队的组织自主性并没有因为接受了政府的资助而受到过多的影响，反而在一定程度上得到了彰显。这主要体现为以下几点。

1. 专业方面

四支服务队组成人员均为社工系（所）的老师、学生以及社工实务机构工作人员，因此在服务内容、服务方式等方面，专业自主性较强。相比服务团团部工作人员数量较少，而且多为行政体系职员，社工专业能力较为薄弱，因此在专业服务方面，较多以四支服务队的意见为主。

2. 地域空间因素

服务团团部设在上海，而四支服务队则是远赴都江堰开展服务的，遥远的空间距离致使服务团团部对服务品质的监控"鞭长莫及"。事实上，服务团团部仅能通过服务队所报送的并不是很全面的阶段性工作小结以及不定期的远距离视频的方式来了解服务队的服务推进情况，对于服务效果和品质的监督评估几乎无从考证。

3. 服务产品的特性

由于四支服务队在都江堰开展的灾后重建是"提供服务而非制造产品"，其服务通常是无形且很难测量的。在此种情况下，上海市民政局很难从四支服务队的实务运作特质来评估他们的服务成效。正如有学者指出，"事实上，政府机构对非营利组织的责信要求与控制，要远比想象中来的微弱"[1]。本书的案例在很大程度上印证了这个理论判断。

> 我虽然是民政局派到都江堰的上海对口援建都江堰灾后重建指挥部的，不过，上海社工到底在安置社区做些什么，说句实话，我真的不知道。一来，他们（社工服务队）很少跟我们指挥部汇报；二来，我跟他们沟通确实也不多。不过我印象比较深刻的倒是当地的一个草根组织，他们经常到我们指挥部汇

---

[1] 刘丽雯：《非营利组织：协调合作的社会福利服务》，台北双叶书廊有限公司 2004 年版，第 59—66 页。

报工作，告诉我们他们做了些什么、有哪些成效、有什么困难需要我们指挥部协助，等等。所以，当时我们指挥部有一些物资，如果哪个草根组织需要，我们都会给他们，而且我们有什么信息，也会及时告知他们。这个草根组织很会宣传自己，与政府打交道的能力也很强，关键是他们确确实实做了很多当地居民需要的事情。可能是草根组织的原因，背后没有政府的支持，所以那种由内向外散发的顽强的生命力和坚持、执着的精神，倒是值得我们上海社工多向他们学习！……（访谈对象C）

三　信任困境

信任是组织间能够建立合作关系的基础，特别是在灾难情境下，若组织之间先前已经具有社会网络的基础，信任则较容易建立，这对于灾难时的集体行动有非常大的帮助。长期以来，上海市民政局就一直承担着上海社会工作职业化、专业化的推动者的角色，与其他几家组织机构负责人有较为密切的人际互动和不错的信任基础，这为"上海社工灾后重建服务团"快速组建奠定了良好的基础。然而，在合作关系建立后的后续运作中，上海市民政局与四支服务队之间以及四支服务队之间的信任关系却出现了波动和流失。

从纵向层面来看，上海社工协会的功能不彰显导致组织间信任关系的流失。合作关系的契约化，是维系组织间信任、防范组织投机行为的关键所在。尽管服务队在进驻都江堰安置社区之前，都与服务团团部签署了"上海社工服务团合作协议书"，看似完成了这一"契约化"的过程，但实际上，上海社工协会的强行政背景，导致其"官本位"情结比较浓重，往往采取行政指令而不是履行契约的方式来指挥四支服务队。服务队的工作人员经常要承担额外的、临时性的、行政性的事务，精力被无谓地消耗，士气被严重削弱，对社工协会也缺乏信任感。另外，这种临时抽调的团部工作组，存在对工作任务不熟悉、人员之间的重新协调配合等问题，对于服务队的合理诉求不能及时向上反馈，这些都在很大程度上动摇了组织间的信任根基。

> 所以，回顾整个过程，我个人认为，这中间缺少的是市社工协会的角色，因为上海市民政局领导是从政府的角度出发，重视社工，要来推动社工，这是很好的出发点。从学术界来说，也应该去，因为这么大的灾难，从社工本土化的研究来说，学术界也应该去。当时的情况下，市社工协会其实应该整合社工界的人力资源，整合政府的行政资源，整合社会各界的财力物力资源，之后给我们远在都江堰的四支服务队做强大的后方支援。但是，我们的市社工协会是很弱的，他没有起到中间的组织、协调作用。这里面缺一个角色……（访谈对象D）

从横向层面来看，四支服务队在都江堰的四个不同安置社区开展服务。由于空间距离较远，服务队之间横向专业交流沟通甚少，在面对灾区的共同性问题时，有限的专业力量并未被有效整合。甚至，四支服务队之间的"专业竞争"超过了"专业合作"。在合作优先于竞争的灾后救援中，这种专业竞争导致的直接后果就是四支服务队之间各自经营、信息资讯分享较少，服务项目无法整合，形成"各拉各的琴，各唱各的调"的信任流失局面。

信任本身具有高度脆弱性且其建构过程具有高度动态性，细小的冲突与微妙的矛盾都可能使已经建立的信任关系瞬间产生裂缝。从服务团内部关系的演变进程来看，在人员频繁轮换流动的冲击下，再加上合作主体之间减少信任的波动及安定各方信心的努力和行动并不充足，导致这种初期建构的并不牢固的人际关系纽带遭到严重破坏，服务团内部的信任资本存量逐渐被消磨殆尽。

第三节 跨部门合作的困境根源

上述的三大实践困境表明，中国灾难救援中的跨部门合作机制还远未成熟，其背后有着深刻的结构性根源。具体而言，表现在以下几个方面。

一 实质性授权不足

获得上级领导的认可和充分授权，是组织之间进行有序、有效合作的前提基础。即使是拥有高度的自由裁量权的组织，也概莫能外，因此在建立合作伙伴关系时，不论几个组织合作，均需要有高层级的领导的承认与支持。在此次灾难救援过程中，上海服务团缺乏合法身份之根源，主要在于各级政府部门的制度性、实质性授权不足。

从表面上看，政府高层领导的认可与对口援建制度为服务团的整体性介入提供了保障。"5·12"地震发生后，中央政府第一时间启动了全民紧急响应机制，于 2008 年 6 月 11 日印发了《汶川地震灾后恢复重建对口支援方案》，这为服务团整体性进驻都江堰开展灾后服务提供了政策上的支持。2008 年 5 月 15 日，上海市民政局印发《上海市民政局关于组建"上海社工灾区援助团"的请示》，向上海市政府请示，将组建的"上海社工灾区服务团"纳入市政府派出的专业救灾团队范围管理，这为服务团的成立赋予了一定的合法性。

但客观而言，这仅仅是一种形式上的授权，出台的相关政策文件仅仅解决了服务团的"出生"和"入场"问题，对社会工作在现有救灾服务体系中的参与权限、职责分工、功能定位等议题并未做出明细界定。如中国台湾地区的灾害救助政策就明文规定，"社工员需访视所有的罹难、失踪及重伤家庭，以了解个案需求并提供相关服务；天然灾害受灾户在生活重建过程中所需要的资源，需经

由社工员评估后发放"①。相比之下，中国诸如此类的实质性授权则
严重缺失。

　　这和我们的体制有关，政府一直是个强政府，它（政府）
感觉你们是来辅助我的，把社工当成志愿者来看待的，你是志
愿者，那你就在救灾服务体系的外围做一些工作。这和中国台
湾等地的社工发展有很大的区别。中国台湾的社工发展很多年
了，而且政府已经把社工作为社会管理的一支主要力量来安排
和考量。它们很多政府灾后重建服务的文件中都有明确的关于
社工服务的规定。所以，灾后服务中它们能够把社工作为一支
专业队伍整合到救灾服务体系之中。我们的关于救灾的很多制
度性的文件中，是没有"社工"二字的。其他的比如教育、卫
生、治安等工作，这些灾后重建文件中都有规定，但是社工没
有提及。此外，那些（都江堰）政府对于社工能做什么，还是
有疑问的。这个疑问来自两个方面：一是不了解，二就是看看
你们来了以后能够做些什么。就这方面来说，我感觉高校社工
服务队的强项是社会调查、心理咨询、社会倡导等，这些，高
校社工服务队做得比较多。从实务界的社工来讲，大多数大学
生还停留在"搞活动"上。因为大家能力有限，才刚刚起步。
这些刚毕业的大学生，对服务的设计还是缺乏掌控能力的……
（访谈对象 D）

　　显而易见的是，非实质性授权远远不足以维系跨部门合作关系
的长效运行。换言之，现阶段中国非政府组织发展所迫切需要的，
正是通过法律制度、政策文本等方式获得实质性授权。尤其是在灾
害救援这样一个民间救援组织相对弱势同时又缺乏对政府公共权力

①　陆宛平：《社会工作在重大灾变服务提供的角色及民间非政府组织介入所遭遇的挑战》，
2010 年两岸社会福利学术论坛：灾害救助与社会工作，台湾中华救助总会、财团法人中华文化
社会福利事业基金会。

形成有效制约的实践场域，可以说，实质性授权不足是导致跨部门合作关系受到权力侵蚀进而丧失其平等性与有序性的最主要原因。

二 主体间目标冲突

如前所述，不同的组织之间可能因为职能分工的期待不同甚至是不同层级人员的认知与关注焦点相异而造成组织内部的冲突。这种冲突在"上海社工灾后重建服务团"内部尤为明显。

从职责分工的角度，"上海社工灾后重建服务团"内部可以分为三个不同的职能团队。第一，由上海市民政局高层领导及四支服务队的主要负责人组成的行政决策团队；第二，由上海社工协会及民政局下属单位行政人员组成的行政协调和后勤服务团队（服务团团部）；第三，由四支服务队伍的教师、学生或实务工作人员组成的一线服务团队（四支服务队）。而当不同责信主体之间的目标期待与责任取向不一致，同时又缺乏对相应责任的制约以及对多元责任的有效调和机制时，就很容易产生责信困境。

其一，对于一线的社工服务队来说，其目标关注是如何面向安置社区和受灾群众有效开展社会工作服务，以及进行各项评估与研究资料的收集。因此，他们希望政府提供更周全、更细致的保障性支持，而不要过多干预和影响服务的专业性。

其二，对于中间层级的行政协调和后勤服务的服务团团部来说，由于其工作人员多为民政系统下属的工作人员，所以在协调服务的过程中，"对上负责"的认知惯性导致"对下服务"的功能发挥不足。

可能因为他们（社工协会的人员）都是体制内的人，当时社工协会也没有专职人员，都是兼职人员。他们没有要推动我们这个行业发展的积极态度，而是××局长（民政局领导）要推动，我不得不去做的那种被动的状态。没有整合、协调的平台，到最后，就成为我们四支服务队自拉自唱的松散的局面。

所以，我就感觉这个作用没有发挥好……（访谈对象 D）

其三，对于高层的行政决策团体来说，关注焦点更多是在于服务的效率、效果以及造成的社会影响方面，潜在的理念导向是对"政绩工程"负责。这种互有错位的职能期待差异使得服务团内部、服务团与政府部门之间矛盾重重，难以调和。

> 在那种场域中，大家都关心民众的需要，但是在民众需要的实现方式、实现程度、实现的节点上，可以说四支服务队与上海市民政局之间，甚至四支服务队之间都是不一样的。比如，就某个服务项目而言，对学术团队来讲可能希望能够用专业策略和专业方法推进，但是对于政府来说，可能会觉得这样做（专业模式的推动）太慢了，它需要在短时间内有一个比较明显的效果。说白了，政府要的是看得见、摸得着，甚至是能够被宣传报道的效果明显的业绩……（访谈对象 S）

由以上可见，服务团内部多元主体之间存在明显的目标冲突，政府部门与四支服务队之间并未形成真正的平等合作关系。尤其是在服务团的重大决策上，基本上都是由上海市民政局相关领导决定的，缺少目标主体之间的协商与调和。这种"政府主导式"的不平等合作关系严重削弱了其他几家非政府组织参与合作的积极性，进而使联合救灾的服务效果以及跨部门合作关系的持续性受到了影响。

三　组织间沟通失效

在灾后救援服务中，"上海社工灾后重建服务团"内部横向和纵向层面的交流沟通不畅则是信任困境的根本原因。尽管服务团在成立之初制定了旨在信息分享和沟通互动的《联席会议制度》和《信息报送制度》，但其实际运行效果并不理想。

（一）从纵向沟通来看，四支服务队与上海市民政局之间的信息报送与分享制度是失效的

信息报送制度要求四支服务队以《工作日志》和《工作简报》的形式，将服务期间富有特色的工作情况、服务案例、感人故事和经验反思等有关信息及时报送上海市民政局，但是在具体运作的过程中，彼此之间的理念差异以及执行过程中频繁的人员交替，导致信息分享并没有理想中的那样充分、全面、及时。笔者作为服务团团部的成员，当时在社工协会协助参与团部的后勤保障工作，最深刻的感受就是社工协会与四支服务队在信息报送工作方面存在潜在的"不和谐"。

在服务团团部担当信息采集的工作人员看来，高校学者并不乐意分享重要信息。

> 作为信息收集工作的主要负责人，我感觉四支服务队信息报送方面并不太积极，一方面，四支服务队的人员轮换太频繁，20 天轮换一批人。每换一批人，我都要重新联系相关人员。而且每批队伍的负责人对信息报送工作的理解和执行都不一样。另外，作为高校的专家学者，他们在报送信息方面还是有选择的，毕竟有些资料要作为他们今后开展科研以及发表文章的参考，所以，那些重要的一手资料，他们可能并不太愿意给我们……（访谈对象 L）

而一线的服务人员对于信息分享失效的困境实际上也有难言之隐，他们认为信息分享并非那么简单的事情。

> 服务信息，我肯定不给民政局的。你知道为什么吗？民政局没有考虑到很多问题的复杂性。当时大家都没有经验，这个我们必须要承认。但是，第一，民政局要知道，你是跟高校老师打交道，不是跟普通 NGO 打交道的，所以你（民政局）要

更强调平等、尊重、合作的关系，这些元素和意识应该放在前面。你（民政局）突然间就提出要各个服务队给你资料，服务队凭什么要给你资料。也就是说，总体来讲，这个关系不是平等的；第二，从技术上来讲，民政局不可能把这个事情（资料收集整理与处理）做好的。如果交给专业的学者或机构来做，肯定能做好。如果交给我来做，我知道哪些资料很重要，我会跟大家讲，我要做一个开放平台，将来要服务于大家的研究和具体服务。比如我会要求各个服务队把上一批服务队的服务报告提交出来，把重点个案提交出来。但是我们不能只做资料收集，我们更要组一个专家团来会诊，因为大家会有很多问题，没有人不愿意交流。其实就这一点来说，大家心里都很不舒服的。比如，服务队遇到专业困难，不知道怎么做，那你把个案提出来，我们这个信息开放平台就要有一个反馈机制，或者提供建议，或者提供资源，或者提供信息，或者提供社会关系的链接等。比如，当一线服务队不知道这种事情该找谁，或者需要当地民政局的物资支援的时候，那么这个信息开放平台的专家团可能就会出点子，比如，通过专家联系上海市民政局，提供相关机构负责人的电话，等等。又比如，一线社工统计下来，在安置社区有很多肢残的人员，需要很多轮椅，这个信息开放平台，就可以代一线社工进行社会呼吁或者进行物资募集，那我们一线社工提交需要轮椅的人员名单和初步评估报告，之后，信息开发平台就可以将轮椅转给一线社工。这其实是一个专业平台，需要很多的专业技术。无论从技巧或能力还是精力方面来说，当时的民政局是做不了这个事情的。民政局可能更多的还是平时的行政工作流程，就是简单的信息收集、信息报送等模式。那么大家（服务队）就会觉得很怪，第一就是我干吗要给你，第二就是我给你有什么用，你能帮我做什么？当时我们一线社工都很忙，要写工作日志之类的，写完之后交给你，你又不能帮我们做什么。信息分享也要有授权，比

如只有我们服务队，或我们服务团才能看到。所以，你看民政
局收集的那些资料，貌似资料很多，其实很多都没有用。就是
各个团队提交的报告，其实是没有用的……（访谈对象 W）

此外，在信息报送的方式上，作为在一线服务的社工队伍，其
倡导的原则是在"信息报送快速直接"原则的指引下，一些服务队
负责人因为跟服务团决策层有关领导的关系比较紧密，有时会越过
服务团团部直接向民政局领导汇报信息。而在政府官僚体系中，遵
循"信息逐层逐级上报"原则的服务团团部行政人员，对这种"越
级上报"的做法，自然会产生不满情绪。

人家那些服务队的领队，跟领导（民政局高层领导）的私
人关系很好，很多信息我们（临时服务于团部的民政局相关处
室的中层领导）都不知道，领导老早已经知道了，还要我们这
些团部人员做什么？……（访谈对象 Z）

（二）从横向沟通来看，服务队之间的联席会议制度、召集人
制度也是失效的

四支不同的服务队（华东理工大学服务队、复旦大学服务队、
阳光·上师大服务队、浦东社工协会服务队）在都江堰四个不同的
安置社区开展服务。安置社区不仅是服务队开展灾后重建服务的平
台，亦是四支服务队之间专业能力较量的比武场。虽然从理性自利
和市场竞争的视角来看待这种彼此竞争的互动关系似乎有利于提高
服务的品质和效果，但是在强调合作胜于竞争的灾后重建过程中，
这种专业竞争导致的直接后果就是四支服务队之间各自经营、信息
资讯分享较少、出现了一些服务项目无法整合等困境。如联席会议
制度规定四支服务队每周至少召开一次碰头会，特殊情况下可随时
召开，以充分确保服务队之间的资源同享、信息互通和问题协商，
但在实际中，由于政府和服务队疲于各项事务，导致联席会议制度

难以常态性召开。

　　……后来等到我们那批（第二批）之后，才开始搞联席会
议制度，就是大家推选一个召集人，但是在推选召集人的时
候，还是出来一些小问题，我觉得可能有些人考虑个人的东西
多了些。因为大家在这里面考虑个人因素多的话，做起来就没
有什么意思了。到最后，那个召集人制度（联席会议制度）根
本就没有发挥作用。当初政府的创意是挺好的，比如，我们有
联席会议制度，我们可以经常在一起开会讨论、互相沟通，因
为我们会碰到很多共性的问题，本来我们就应该把有限的专业
力量集中起来。但是至少是我在的时候，这个制度没有真正形
成。后来，民政局在网上专门做了一个专栏（都江堰社工服
务），那个其实是有好处的，但是在我看来觉得挺难过的，因
为我们只能通过第三方——民政局传来传去的信息来了解其他
队伍的服务内容，这样做不仅信息少了很多，而且这些信息也
是被民政局拣选过的。所以感觉还是蛮遗憾的，各个队之间交
流不是很多。包括到最后结束的时候，也是各个队伍（学校）
自己在开自己的总结会。就感觉有限的专业力量之间没有形成
合力，形象一点比喻，就是五个手指头之间是分开的，是没有
连接的……（访谈对象 W）

　　这样的困境正好印证了 Gillespie 和 Murty（1994）的研究结论，
当必要的服务只是由孤立的组织或灾害服务系统外围的组织提供
时，服务系统中一定存在裂缝，而这些裂缝的存在又阻碍了服务网
络在灾难发生后有效的响应。①

---

　　① Gillespie, D. F. & S. A. Murty, "Cracks in a postdisaster service delivery network", *American Journal of Community Psychology*, Vol. 22, No. 5, 1994.

缺乏一个有效的渠道。实际上，这种沟通的渠道是没有打通的，一个是每支队伍横向沟通的渠道，我们四支服务队之间专业内部的横向沟通也比较少。我去了之后，做了一件事情，就是有意识地到四支服务队的办公地点都去看了看。我发现带队的老师之间可能会有一些联系，彼此之间都知道哪个服务队的带队老师是谁，但是从专业的角度进行的沟通却很少很少。当然有一种可能就是每一个安置点的情况不一样。所以，大家组织的活动内容可能不一样，但是我相信这其中（安置社区）肯定有些共性的东西。针对这些共性的东西，我们四支队伍之间应该进行相互讨论，比如针对疑难问题该如何解决，我们这个服务队碰到的问题，其他服务队是否也遇到过，他们是怎么解决的？等等，就这些专业性问题，四支服务队之间应该进行横向的沟通交流，但是这种横向交流比较少……（访谈对象J）

……我觉得服务队其实始终没有合在一起。四个服务点（四支服务队）一直是各做各的，一直到最后都没有合在一起。从我个人来讲，这是很遗憾的一件事情。本来我们都是从上海过去的，而且都是在都江堰做灾害社会工作，理论上我们应该有沟通交流，但事实上（横向上）我们都是分开的。

（三）由于四个安置社区地处城乡接合带，彼此之间的空间距离相距甚远，阻碍了服务队之间的经常性沟通

正如 Zakour（1996）的研究所示，地理距离对合作关系有着直接的影响且呈负相关关系。

灾难本身确实太严重了，我们一头扎进去之后，相互之间也来不及交流，每个人都驻扎在一个点，而且点与点之间的空间距离也是蛮远的。因为我们平常工作是没有时间去的，大家

都要工作到很晚，一方面很累，另一方面对当地的地形比较陌生，感觉不安全，所以也不愿意出去。后来我们抽双休日的时候去过上师大的那个点（幸福家园），他们也来过我们这里，但是交流非常少，而且大家都是私人关系比较好，属于私底下的交流，不是那种正式的交流。领队之间如果比较熟悉，大家在一起交流就很方便。如果是行政管理的老师，或者是社会学的老师当领队，他可能跟社会工作的老师就不是很熟，那他带领的这支队伍与其他服务队之间的交流就可能很少。这确实是很现实的问题……（访谈对象 W）

第四节　服务团的整体性撤出与后续服务

任何一个非在地的灾后服务组织，在准备进入灾区开展服务之前，必须要考虑的问题是"何时撤出灾区以及怎样撤出灾区"。如前所述，在面临资源困境、职能定位困境、组织间沟通困境以及组织自主权博弈等多方面困境的情况下，从 2008 年 12 月开始，"上海社工灾后重建服务团"逐步转变工作方式，由原来的"直接服务"转变为以"培养当地社工力量成长"为重心的间接服务方式，通过督导、人力资源培训、协助在地组织成长等措施，协助都江堰开展社会工作的相关推进工作。

一　服务团的整体性撤出

2008 年 11 月起到 2009 年 6 月止，"上海社工灾后重建服务团"开始逐步撤出四个安置社区。为培育当地的社工力量，撤出工作本着"边撤出、边培养"的原则，服务团在提供直接服务的同时，注重对当地社工的"带教"工作，即引导、指导和督导当地社工。整体撤出工作的组织实施分三个阶段。

第一阶段：2008 年 11—12 月，称为"传带期"。从 2008 年 11 月 5 日开始，在都江堰民政局的组织下，当地 20 名新招聘的社区工作人员已分别进驻四个安置社区，与上海社工组成"联合社会工作服务队"。20名新招募的工作人员此前从未接触过社会工作，可以说是从"零基点"开始的，在上海社工的言传身教下，通过培训与共同参与服务活动，学习和掌握社会工作直接服务的一些基本理论、知识和技巧。

第二阶段：2009年1—6月，称为"引导期"。从2009年1月开始，当地原有的四个安置点的社工服务点全部改挂"都江堰市社会工作服务站"的牌子。此阶段的主要任务，一是继续发挥上海社工的引导作用，通过继续"带教"，提升当地社工的实务能力和理论水平，并注意培养当地社工中的领袖人物，为今后完成彻底交接奠定组织保证；二是强化都江堰市社会工作者协会的功能，逐渐把四个服务站的日常管理工作移交给协会，强化都江堰社工协会在社工管理、督导、服务方面的职能，推进当地社会工作服务站的在地化进程。

第三阶段：2009年7月至2011年6月，称为"督导期"。从2009年7月到2011年6月的两年时间内，"上海社工灾后重建服务团"将不再派上海社工长期进驻当地的社会工作服务站，而主要是通过远程督导、视频互动、定期指导的方式对都江堰的社工进行辅导服务。上海社工服务团根据都江堰的实际需要，定期组织资深实务社工和专家学者，前往都江堰进行实地指导。通过不同形式的定期督导，继续提升当地社工的专业水平，巩固四个社会工作服务站的成效。远程督导、实地指导的周期视当地社工的实际需要而定。

二　服务团的后续衔接和支持服务

服务团的后续工作主要是培育当地社工队伍和专业建设。

（一）协助筹建都江堰市社会工作者协会

为了充分发挥专业社会工作团体在社会工作者的自我管理、自我服务和自我教育方面的作用，积极培育和发展当地社会工作的专业力量,"上海社工灾后重建服务团"的后续工作重点之一就是协助都江堰市成立"都江堰市社会工作者协会"。一方面,在都江堰市社工协会的筹划组建阶段,上海社工协会在协会章程起草、协会的登记注册、组织机构的搭建等方面给予了积极的支持和协助;另一方面,"上海社工灾后重建服务团"推荐上海社工专家担任都江堰市社会工作者协会的顾问,以期对其进行长期的专业支持工作。

2009年1月,"都江堰市社会工作者协会成立大会暨上海社工灾后重建服务团工作交流会"正式召开,这意味着"都江堰市社会工作者协会"将从"上海社工灾后重建服务团"手中接过社工灾后重建服务这根接力棒,由都江堰人开展属于他们自己的社工灾后重建服务工作。

(二)开展社会工作督导服务

2009年1月11日以后,"上海社工灾后重建服务团"以"流动督导"的形式为都江堰市社工提供指导、引导、督导服务,团部视工作需要,定期组织资深社工组成专家组,前往都江堰市进行实地指导。2009年4月和7月,团部分别组织四支队伍的专家前往都江堰开展了两次专业的督导。

此外,为总结"上海社工灾后重建服务团"的经验和做法,提升服务层次,进一步做好后续服务,2009年2—6月,"上海社工灾后重建服务团"团部及四支服务队分别召开了五次总结会和研讨会,并邀请都江堰市社工协会的领导和有关人员与会,一起研究、探讨后续的服务计划。

(三)开展专业能力提升的培训工作

1. 普及培训

培训对象主要是社区干部、居委会干部和乡镇分管领导,以及从事社会管理和服务的有关从业人员等。培训目的旨在提升他们对社会工作专业服务重要性的认识,促使他们在今后的实际工作中能够自觉地借鉴运用社会工作的理念和方法。内容包括《社会工作概论》《社会工作的德与才》《社会工作的实务方法》等基础性课程。

2. 职业资格培训

培训对象主要是当地民政系统和社区工作人员中愿意参加全国社会工作者职业水平评价考试的相关人员。培训目的旨在扩大专业社会工作人员的队伍，为当地社会工作职业化、专业化建设奠定组织基础，营造职业化的社会环境和专业化的舆论氛围。2009年4—6月，上海市民政局组织专业的培训师前往都江堰，为当地70多名参加全国社会工作者职业水平评价考试的人员进行考前培训，其中共有52人参加了6月中旬举办的国家社工考试，8人通过了考试，成为都江堰市第一批持有助理社会工作师职业资格证书的人员。职业资格考试的组织推动为当地社会工作队伍职业化、专业化发展奠定了良好的基础。

3. 专题培训

培训对象主要是都江堰民政局相关领导、都江堰社会工作者协会人员、安置点管委会人员。培训围绕如何转变政府职能、如何进行项目招投标、如何实现政社合作以及如何应对政社合作中经常出现的问题等进行讲授，旨在使学员提高政社合作意识、掌握政社合作的基本方式和基本流程等内容，同时具备相应的实际操作能力。2009年3月以来，都江堰社工协会分别邀请复旦大学、上海映绿公益事业发展中心和浦东社工协会的专家，为都江堰政府和社会组织的有关人员开展了社会服务项目策划和项目招投标等培训，增强了政社合作的理念。

4. 来沪实训

2009年5月，都江堰社工协会组织都江堰市12名在岗的优秀社工来上海进行为期两周的实地培训，通过理论学习与机构实习相结合、课堂讲授与讨论交流相结合的集中培训方式，使都江堰社工了解上海社工的发展轨迹和成功经验，提升都江堰社会工作者的实务能力，推动都江堰社会工作队伍的专业化、职业化发展。

（四）通过项目化方式协助都江堰社工协会的发展

以项目化运作为手段，通过交流互动、面商研讨等方式，协助都江堰社会工作者协会设计各种社会工作服务项目，开展社会工作的专业化服务；强化都江堰社会工作者协会在社工管理、督导、服务方面的职能，推进当地社会工作服务站的本地化进程。

三　任重而道远的都江堰社工

从都江堰社工协会的成立、四个社工服务站在地社工的招募聘用，到社工队伍的发展、薪酬发放等，都江堰社工发展的每一个细节都散发着浓厚的行政色彩。都江堰社工协会的筹备、成立基本上是由都江堰民政局直接负责的，都江堰社工协会会长是都江堰市原民政局局长，社工人员工资是由都江堰市民政局拨付的，等等。可以说都江堰社工是行政催化下的速成品。

> 整个都江堰社工协会，其实就是半个政府，行政色彩很浓，从协会当初的成立、挂牌，到现在的协会负责人，再到协会经费的来源，基本都是从都江堰民政局的系统里面衍生出来的。整个运行的模式也是行政色彩很浓。这就是政府主导推动下的产物！……（访谈对象 C）

（一）协会的速成

从 2008 年 11 月开始筹建到 2009 年 1 月，都江堰市社工协会在短短两个月里正式成立。虽然协会的行政架构基本搭建完成，但是内部的工作制度建设问题，如工作流程、工作模块制度建设、工作量制度建设、评估制度建设、激励制度建设、同工督导制度建设等等，非朝夕工程，需在日后的工作推进中反复雕琢，方能完善。

（二）人才队伍的速成

2009 年 1 月，都江堰市社工协会正式成立后，除上海社工带教的 17 名当地社工骨干外，又新招了 100 多名社工。但是这些人员中，只有 1 人具备社工专业教育背景，其余多数都是匆忙上岗的，之前的从业经历纷繁复杂，专业培训和社工专业服务经验无从谈起。在几乎没有任何专业服务经验和服务技能的情况下，面对的却是各种问题逐步凸显的灾后过渡阶段，如就业难、老人没钱看病、板房安全隐患等急难问题。内部缺少交流学习、外部缺少专业支撑，是他们不容回避的现状。仅靠上海社工 3 个月一次的督导以及非系统的短期培训，根本无法缓解在地社工队伍所面临的束手无措的窘境。

灾后重建是一个艰难的过程，都江堰社工成长亦是一条不平坦的道路。不管是曾经服务过的一线社工人员、后勤服务人员，还是高层决策者，都需要共同思考的问题是在这个社工服务 "接力棒" 传递的过程中，那些被忽略的安置区居民的需求是否被考量？"接力棒" 的传递过程有没有对安置居民带来影响？出于 "社会工作乃是提供服务而非制造成品，其服务通常无形且很难测量" 的考虑，或许没有哪个学者专家可以对上述疑问给出精准的答案；更或许，对安置区居民来讲，这仅仅是一场 "你方唱罢我登场" 的社会福利演出，本质上与他们没有太大关系。因为灾后重建的道路需要他们自己来开辟，他们才是灾后重建的真正主角。

第 七 章

灾害社会工作跨部门合作机制建构

"预防胜于治疗"是现代灾害管理理论的重要观点。灾难应对的最佳机制是要在平时做好减灾备灾工作。社会工作组织机构若要在灾后救援过程中扮演不可替代的专业角色，需要从以下几方面努力：一是在专业能力建构层面，探索"价值、知识与技术"三位一体的灾害社会工作专业能力提升的路径和方法；二是在合作能力建构层面，一方面，在社会工作非营利组织之间建立"常态性社会工作防救灾行动联盟"；另一方面，在政府与社会工作非营利组织的互动层面，通过跨部门合作理念建构、合作模式建构、合作路径建构等措施，建立融入灾难管理架构的跨部门合作机制，以期为灾害的再次降临做好事前准备。

第一节 灾害社会工作的专业能力建构

灾害社会工作功能发挥的有效性取决于其专业能力储备的程度。社会工作在灾后服务中被赋予了重大的责任，但在责任背后其所需具备的专业能力并非在灾难现场就能够临场发挥，这需要通过长期的专业训练才能形成。当灾难的影响逐渐远去，当人们对灾难的痛苦回忆渐渐淡化之后，无论是实务工作者还是理论研究者，都需要秉承反思性思维和身体力行的精神，探索灾害社会工作专业能力提升的路径和方法，确保当灾难再次降临时，社会工作能够有效、有序地发挥其应有的专业功能。

一 灾害社会工作专业理论基础

社会工作的行动基础，是建立在社会工作的专业价值、知识和技术等三项专业核心能力之上的。美国学者路易丝·约翰逊等（Louise C. Johnson & Stephen J. Yanca）[1] 认为，这三项核心能力可与社工专业解决问题的过程相呼应，与服务者的感觉、思考和行动三者相结合，形成社会工作的专业基础（见图7－1）。

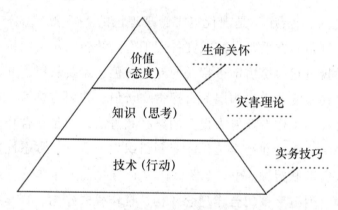

图7－1 灾害社会工作专业能力提升路径

中国台湾学者冯燕在探讨社会工作核心能力培养时指出，能力应包括三个层面，分别是价值观、知识与技术。换句话说，若要把事情完成或做好，首先要具备愿意把事情做好的心态（重要价值），其次要具备知道如何去做的知识，最后就是要具备将事情做好的方法与技术，三者缺一不可。[2]

（一）价值

专业价值是讨论社工核心能力的第一面向，由此发展出社会工

---

① Louise C. Johnson & Stephen J. Yanca, *Social Work Practice: A Generalist Approach*, Boston: Allyn & Bacon Press, 1998, p. 13.

② 冯燕：《社工核心能力培养——台湾社会工作教育的新页》，2009年华人社会工作教育国际研讨会论文。

作的知识与技术。价值可以说是专业工作者进行专业行为时所遵循的准则。专业价值不仅是同行业者需要达成的共识，更可以具体化为规范、伦理守则，甚至是法令或专业证照条件；当社会工作的专业价值内化为社会工作者的专业信念时，即会产生一种使命感，并形成社会工作者的支撑动力。

社会工作的核心价值包括以下几方面：（1）人道关怀：终极价值在于尊重生命，坚信每个人生而有价值，个人尊严均应得到尊重；（2）公平正义：专业努力的愿景即在于实践社会公平正义，无论贫富，不分贵贱，皆应有公平的发展机会，因此对不公平、不正义的事情负有责任；（3）弱势优先：认为弱势人群有权利获得社会福利资源及服务，以弥补其社会生活中的机会不足，如儿童、老人、病患、身心障碍者等；（4）需求导向：认为每个人有共同的人类需求，但每个人都是独特的、有别于他人的个体，因此必须尊重并接受个人的差异性及其独特的需求。

（二）知识

社会工作的专业知识可分成五种。第一种是社会科学的基础知识，如社会学、心理学、经济学、政治学等，都是社会工作者必备的重要知识；第二种是人文环境，社会工作者重视"人在环境中"，并体现在三个层面，一为关怀个人的生理、心理及社会状况，二为关怀个人所存在与互动的环境，三为关怀人与环境之间的互动，循序找出案主的需求或影响案主有所改变的因素；第三种是与社会工作专业相关的实务理论；第四种是有关特殊对象的专门知识，社会工作是与人接触的工作，而人的面向又是复杂、多元的，因此，需要将服务对象略作分类，或者是针对不同的年龄层或面对不同困难的案主，发展出专属该领域案主的知识体系，以确保更准确地满足不同服务对象的特殊需求；第五种是资源动员的相关知识，社会工作者常常需要为案主寻找并整合各个领域的资源，如何找到适当的资源，如何与其他资源体系进行沟通连接，以及熟悉并具备灵活运作的筹募能力，也是社会工作者不同于其他专业人员之处。

（三）技术

专业技术是伴随社会工作者职业生涯不可或缺的基础能力之一。专业技术的能力指标有以下几点：第一是解决案主问题的能力；第二是个案管理，在服务中能准确评估案主的情境及问题，为其连接合适且足够的资源、服务与机会；第三是增能赋权，这是协助弱势案主最重要的工作之一，它让案主明白自己的能力和权益所在，使其确信并感知自己有能力影响和解决自己的问题。鼓励案主寻找可与他人一起使用分享的权能资源，促进案主的社会参与程度，希望案主通过社会行动而取得实际的改变及影响；第四是资源开发技术，社工专业人员要实现协助案主解决问题的重要任务之一，就是为案主寻找所需资源，包括财力、物力与人力资源的开发与使用；第五是沟通技术与专业关系的维持，社会工作者需与案主和其他专业领域的人员协调、沟通，特别是维持平等且合作的专业关系；第六是时间与情绪管理，社会工作者个人的时间管理与个人情绪管理的技术，是维持有效的服务品质的重要保证。

二 建构三位一体的专业能力体系

笔者以灾害社会工作功能发挥为参照依据，结合社会工作的专业价值、知识和技术三项核心能力，提出建立"价值、知识、技术"三位一体的灾害社会工作专业能力体系。即在价值层面，探索生命意义和死亡议题，强调社会工作者对"人"的关怀与关注；在知识层面，以灾害管理为理论背景，掌握不同阶段社会工作者被期待的角色和功能；在技术层面，强调以关系建立、救灾资源整合、创伤后身心支持、社会支持网络构建等为核心的实务技能的提升。

（一）价值层面

探索生命意义，提升社会工作者对生命领悟与死亡议题的处理能力。社会工作是一项助人的工作，但我们往往在强调助人技巧的同时，却忽略了对"人"的关注。正如尼克·考迪（Nick F. Coady，Cyril S. Wolgien）所指，社会工作教育渐渐偏离了人本主义的根源，而偏向了技术和理念的层面。[1] 社会工作既然是对"人"的工作，社会工作者本身对于"人"的关怀就负有责任。这是因为每次重大的灾难都不可避免地会带来家破人亡的残酷现实，迫使灾民面临人生阶段中的重大转变。而社会工作在灾后救援过程中扮演着连接生者与死者关系的角色，协助灾民认领尸体、殡葬处理、安抚家属悲伤情绪，以及开展心理与社会重建工作。

这就需要社会工作者必须强化专业价值及伦理，具备相当程度的对死亡议题的哲学认识以及探索生命意义的专业能力，消除自身对死亡的恐惧和心理的无助；探讨个人对生命的价值与意义，学习了解自己与其他人的生命关系。这里主要强调的是社会工作者个人本身的价值观及信念系统是否可与灾民建立起关系。社会工作者只有发现自己对生命价值的态度，才可能尊重和接纳案主对生命的自我抉择，尊重案主选择属于自己个人的生活形态；才能够在最短的时间内与灾民建立良好的信任关系，帮助灾民面对过去的伤痛，认识目前的处境；才能够协助灾民重新寻找生命的意义，重构自己对待生命的态度，发展自己的生命价值，选择自己所要的生命的意义与目标，并建立起对生命的期待。

（二）知识层面

引入灾害管理理念，掌握不同阶段社会工作者被期待的角色功能以及与之相关的理论支撑。社会工作在灾难的不同阶段发挥着重要且不同的功能，扮演着不可或缺的角色，但是功能的发挥、角色的扮演必须放在一定的理论视角或理论框架之下，即灾害社会工作实务的背后必定有一套专业理论做支持。笔者以"灾害管理周期"为主轴，构建出减灾备灾、紧急救援、短期安置及恢复重建等灾害的各个阶段中社会工作者应具备的专业知识。

---

[1]　Nick F. Coady & Cyril S. Wolgien，"Good Therapists' Views of How They are Helpful"，*Clinical Social Work Journal*，Vol. 24，No. 3，1996.

1. 减灾备灾阶段

（1）社会资源管理知识

在减灾备灾阶段，资源盘点很重要，包括了解社区或组织目前所拥有的资源的数量和质量（包括人力、物力、财力、服务等）、资源运用状况以及发展方向；了解资源的实际需求与可提供的资源之间的落差，以系统化的方式挖掘已经存在的和潜在的各种资源，并强调资源储备与资源维系，以便灾害发生时能够及时利用。

这里的资源，可以理解为凡是能够预防与减少受灾民众的生命和财产损失，或是灾害发生后，有助于受灾社区与社区居民身心安顿、生活与家庭重建的资源，都是在灾害救助与重建中所需的资源。资源包括有形的社会资源，如财力、物力、空间（指开展活动的场所）等；也包括无形的社会资源，诸如人力资源、专业技术、社会意识、社会关系以及社区组织等。

社会工作者开展服务的基本要件是具备资源管理的知识，包括资源的盘点、开发、连接与维系。一般的做法是在涉及资源不足或匮乏之前，先通过盘点资源来了解既存或潜在的资源，并掌握这些资源的运用状况。有效的资源盘点可以了解以下问题：谁需要帮助？需要什么帮助？灾区现有的资源有哪些（包括正式资源和非正式资源）？社会工作者可以整合和连接的资源有哪些？由于社会资源种类繁多，最好能够通过社会资源分析表进行需求与资源的分析。随着资讯技术的发展，社会工作者可以运用生态地图的观念，绘制出"灾变社区的资源地图"，由此可以进一步了解资源的可近性与可及性。

张菁芬指出，社会资源的运用可包括以下方面：①资源运用的组织结构，机构服务及资源体系以供需调节、资源交换及服务转介作为功能运作的目标，皆具有规划、决策及执行之功能；②社会资源供需的结合与规划，社会资源供需必须结合人力、财力及专业知识的服务资源，借着供需调节、资源转换及转介服务等功能之运作，来满足受灾群众对福利服务的需求。在架构上，必须先建立一个整合资源及需求转介的资源管理平台中心，以规划供需输送系统，达成规划、决策、服务、评价的运作功能。①

地理资讯系统是较好的灾害资源管理工具，在理论研究和实务运作领域皆具有较大的学习和借鉴意义。在现实的运作中，刘丽雯运用地理资讯系统（Geographical Information Systems，以下简称GIS），以"9·21"震灾损失较惨重的灾区为研究范围，依照资源类别（人力资源、组织资源、空间资源、物力资源、财力资源）、特质（知识与技能）、服务/使用时间、区位进行梳理，并为中国台湾台中县政府建构了一套包括震灾的社会服务组织资源资料库以及空间图像解析查询系统在内的震灾资源解析体系，以强化政府作为资源协调机制的有效管理和组织资源的能力。②

（2）社会支持网络知识

社会支持网络可以是微观层面的个人和家庭，也可以是中观层面的组织、团体等。支持的内容可以是有形的物力、人力、财力及信息的支持，也可以是无形的情绪、心理的支持。这些不同形式、不同内容的支持，对个人的生存和健康产生着重要的影响。

社会支持网络的建构在减灾备灾阶段非常重要。比如在社区中，如果平时就有一套比较完备的服务弱势人群（独居老人、残疾人）的支持网络——正式机构、志愿者团队、邻里守望相助——在灾害发生时，就可以启动这些支持网络，以达到自助、互助的效果。

2. 紧急救援阶段

重大灾害属于意外性危机，突然发生而且具有强烈性，足以导致个人的正常功能混乱。危机介入的目标是在有限的时间内，以密集式服务来提供支持性协助，使案主恢复以往的平衡状态，恢复社

---

① 张菁芬、伍志明：《风险变异与社会资源介入莫拉克风灾的分析：以资讯平台为例》，2011年。http://www.ccswf.org.tw/files/7100/14/2.张菁芬.pdf。上网日期：2012年11月15日。

② 刘丽雯、张利能：《GIS在地方政府赈灾组织资源管理上的运用：以九二一震灾的社会服务资源管理体系建构为例》，《东吴社会学报》2004年第16期。

会生活功能。紧急救援阶段，危机介入的基本原则，包括社会工作者尽快与案主建立信任与委托关系，并协助案主处理负面情绪；危机介入是有时间限制的，要聚焦在目前的问题上；通过协商、澄清等过程来处理案主的核心问题；不断评估案主可能受到的潜在伤害和自我伤害，并为其提供保护性措施；拟定明确和可达成的目标，帮助案主恢复社会生活功能；社会工作者要扮演积极的角色，危机问题处置过程要富有弹性；要运用案主个人和环境的资源来处理危机。[①]

灾害发生后的紧急救援阶段，社会工作人员除了要掌握资讯，发挥人力、物力、资源整合功能外，更要紧急评估灾民的安全性，了解受灾严重的灾民的情绪状态与认知状态，通过陪伴、情绪支持、社会资源连接等保护性措施，将创伤降至最低。

3. 短期安置及恢复重建阶段

（1）任务中心模式

任务中心模式强调系统的、有明确时间节点的短期处理模式，试图以"有计划的短期处理"的方式解决个人在生活上所遇到的问题，把焦点集中在处理外显问题而非内在性问题上。特别是在短期安置阶段，灾民进驻帐篷、板房安置点等临时性生活安置区中过渡，基本生活需求凸显。社会工作人员就要了解灾民的需求，并在较短的时间内及时、有效地为灾民提供基本生活所需的物资，帮助灾民解决困难等。[②] 主要任务有提供临时住宅、提供基本生活所需物资及设备，提供就学、就业、就医等服务。

（2）社会支持网络

在恢复重建阶段，社会工作的一项重要工作是帮助受灾个人和社区维系、修复与重建社会支持网络，或者协助个人或社区增加社

---

① 宋丽玉、曾华源、施教裕、郑丽珍：《社会工作理论：处理模式与案例分析》，洪叶文化事业有限公司 2011 版，第 152—154 页。

② 王秀燕：《灾变因应与生活重建永不缺席的角色——社会工作》，《社区发展季刊》2010年第 131 期。

会支持网络的数量、种类。社会支持网络的运作可以通过以下方式展开。

自然搭建：灾民自己会主动寻找和搭建可提供支持的个人及组织。

成立互助会或自救会：由一群有相同任务、目标或问题的人，通过彼此之间的动员关系而成立互相支持的网络。例如，就安置社区中的治安问题，受灾居民自发组织成立巡防小组。

网络促进：动员或支持一个既有的网络，或通过招募、训练志愿者来创造一个新的网络。在提供灾后服务过程中，社会工作者协助家庭成员彼此之间加强支持互动的功能显得尤为重要。此外，可通过组织建立老年人志愿者队伍的方式，增加灾后独居老人的支持系统。

社会支持网络技巧训练：社工教导案主如何建立并维持与他人的支持性互动，协助案主对环境有更好的掌控。

（3）增强权能理论

增强权能理论相信每个案主都有潜在的掌控自己生活和发展自我价值的能力。增强权能理论强调以下的工作原则：社工与案主必须一起投入、挑战压迫；确信每个人和每个社区都有改善现状的能力；案主定义问题的方式以及他对解决问题的想法才是整个过程的主轴；帮助案主专注本身的优势，并建立自信和自尊；服务过程的每个层面，允许和鼓励案主自决，让案主学习做决定；协助案主表达和理解感受，并将其痛苦转化为积极的行动；鼓励案主了解或参与一些社会活动，使其有自信，相信能改变环境和促进社会正义；鼓励案主挖掘可以与他人一起使用的权能资源，以改善他们的处境；当案主拥有权能时，帮助其有计划、有纪律地规划想要的改变。在增强权能的理论视角下，社会工作者扮演的角色由传统的"救助者"转变为"解放者"[1]。

---

[1]　宋丽玉、曾华源、施教裕、郑丽珍：《社会工作理论：处理模式与案例分析》，洪叶文化事业有限公司 2011 版，第 369—378 页。

灾害发生之后，受灾地区居民容易陷入沮丧、消极的负面情绪中，产生无用甚至绝望的想法。但是，灾后重建的真正主角是受灾居民自己和受灾社区本身。因此，社会工作者可以通过"个人式增能"和"社会式增能"，增加灾民的心理能量，使灾民从悲伤中走出来，并发挥灾民的主动性，协助灾民认识到自己是灾后重建的主导者，协助受灾居民在寻找、连接及运用周围资源的过程中，重塑个人信心，树立灾后重建希望。

（4）生态系统理论

生态系统理论关注的不仅是灾难当下造成的环境变迁以及对个人的影响，同时，也关注家庭、社区及文化环境。社会工作者根据生态系统观做全面性、动态互动的思考，因此，社会工作人员在提供灾后服务时，根据"人在情境中"的整体性视角，不仅要关注受灾居民当下所处的情境，还要了解不同层次情境的脉络（微观系统、中观系统以及宏观系统）的重要特点，了解这些不同层次的系统与个人之间的持续互动关系，更要去理解受灾居民的生活经验、发展时期、生活空间与生态资源分布等有关个人与环境的互动，用心探讨家庭、社区及其之外的场所、重建方案或政策，甚至所处社会文化的变动。①

笔者根据灾害不同阶段社会工作理论的运用进行分类，如图7-2所示。

这里需要强调的是，正如灾害管理的各个阶段之间并没有明显的界限一样，社会工作相关理论在灾害管理过程中的运用也并没有特别明显的阶段划分，而且社会工作的常用理论可以在灾害管理的整个周期都被应用。例如，资源管理理论、社会支持理论以及生态系统理论作为社会工作开展服务过程中最常用到的理论视角，无论是在防灾备灾阶段，还是在紧急救援阶

---

① 冯燕：《环境变迁中社会工作专业新发展——灾变管理社会工作》，《灾害救助与社会工作》，台湾中华救助总会、财团法人中华文化社会福利事业基金会2010年版，第3—18页。

段，或是在灾后的恢复重建阶段，都是社会工作者开展服务背后的重要理论支持。

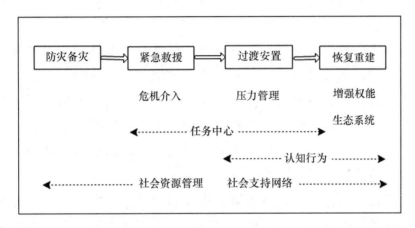

图 7 - 2　灾害社会工作理论运用整合图

（三）技术层面

技术层面强调以资源连接、危机处理、心理急救、协调合作、志愿者管理等为核心的实务技能的提升。正如彼得·霍金森（Peter E. Hodgkinson & Melanie A. Shepherd）指出的，"社会工作在灾难事件服务过程中，主要是紧扣着灾民人生议题开展服务。因此，处于第一线的灾害服务的社会工作者，必须具备压力调试的能力与先前生活事件的评估技能。"[①]

在总结整理国内外有关灾害社会工作论著的基础上，笔者整理出以下社会工作需掌握的灾难服务实务技能。

一是资源连接技巧。确切掌握灾民的需求（食、住、行等方面）；熟悉社会工作人员可取得利用和挖掘的灾难救援资源，包括财物资源，主要救援单位的部门职务与负责人，民间救援组织、社区组织、支持性互助团体的数量与服务内容等，以便在需要时做出

---

① Peter E. Hodgkinson & Melanie A. Shepherd, "The Impact of Disaster Support", *Journal of Traumatic Stress*, Vol. 7, No. 4, 1994.

快速的资源连接。

二是危机处理技巧。灾难救援人员常需在短时间内以及资讯不足的情况下做决定,熟悉危机处理模式是灾害社会工作者必备的训练。

三是心理急救技巧。熟悉受灾居民常有的悲伤反应及处理原则与方法;留心关注受灾居民可能有的伤害自己或他人的迹象,必要时转介给医疗团队或其他相关服务机构;家人失散的受灾居民的陪伴与支持,倾听并理解他们的感受,及时提供搜寻讯息以及将有关失散亲人的报告建档;根据受灾居民的宗教信仰协助其进行祈祷等。

四是促进公私部门的协调合作技巧。了解国家和地方层级政府的灾难救援计划、救援作业流程,灾害期间救援物资及志愿者调度支援作业、居民疏散撤离与安置收容作业程序等;了解政府与民间组织协同救灾的运作流程,促进政府与民间组织的沟通协调合作。

五是志愿者管理技巧。在灾难救援与灾后重建的过程中,志愿者人力资源的有序、科学管理,是灾害社会工作者不可推卸的责任和必备的技能。

在此特别需要澄清的是本书仅仅是在"应然"层面建构了"专业价值、知识和技术"三位一体的灾害社会工作专业能力体系框架。在实务操作层面,这样的专业能力体系该如何执行与推进,是今后社会工作实务界、学术界甚至是行政界需持续探索的重要课题。

第二节 灾害社会工作的跨部门合作机制建构

灾害社会工作的跨部门合作之道,在于建立常态性的、融入灾害管理架构的合作机制。对于社会工作组织或团体来说,若要提供有效的灾后服务,平时就要做好减灾、备灾的工作。"上海社工灾后重建服务团"的运作过程，其实是上海市民政局、上海市社工协会以及上海社会工作学术界与实务界彼此之间相互合作的初步尝试。其工作架构类似于"行动联盟"或"服务联盟"的特点：社会工作组织（学术界、实务界、行政界）的跨领域合作平台。在这个平台上，虽然互动的过程中存在一些摩擦和困境，但是参与组织之间实现了一定程度的人力资源、财力资源以及信息资源的分享与服务功能的互补，这是社工领域跨部门合作的宝贵尝试。这样的合作平台不应随着灾害的远去而解散，反而更应该在灾难的平缓期得到强化与拓展。

一　境外灾难行动联盟介绍

（一）美国志愿组织灾难行动联盟简介

美国志愿组织灾难行动联盟（National Voluntary Organizations Active in Disaster，以下简称 NVOAD）是一个非营利组织的资源整合联盟团体，在灾害管理阶段的整备期、应变期、复原重建期、减灾期中，扮演着交换知识与资源的平台角色，以有效地协助受灾民众及社区。

美国志愿组织灾难行动联盟的共同愿景简称为 4C 愿景：（1）合作（Cooperation）：组织成员间需要彼此合作依赖，以面对不同的灾变规模与环境；（2）沟通（Communication）：组织成员间需定期分享彼此的资讯，如组织能力、服务内容、服务限制及所承诺的工作；成员组织必须参与资讯共享平台，并定期开会与沟通；（3）协调（Coordination）：通过仔细的规划与参与，美国志愿组织灾难行动联盟帮助组织成员及时进行资源的快速整合；（4）合作共享（Collaboration）：组织成员在共同目标或专案下，建立伙伴关系，共享合作过程与成果。[①]

---

① Emergency Management Institute. Working Together. 2009，http://training.fema.gov/EMIweb/IS/is288lst.asp. 上网日期：2012 年 12 月 11 日。

美国志愿组织灾难行动联盟的主要任务有以下内容：（1）开会：或是通过 E-mail、网络论坛联系，以增进组织间的共识；（2）教育或训练：提供联盟成员相关的灾变训练（如跨领域的专业认识），协助组织加强灾难准备期工作；（3）代表参与政府的协调机制：该联盟在 1997 年与美国联邦应急管理署（FEMA）签署合作备忘录，合作备忘录明确规定了双方在灾害的准备期、应变期、复原重建期和减灾期的合作内容。美国联邦应急管理署也定期参与志愿组织灾难行动联盟的董事会会议、委员会议、年度会议、年度领袖会议等，双方保持了良好密切的互动关系；（4）致力减灾：鼓励成员致力于减灾工作，重视灾前的准备与分工，避免资源重叠，增进服务的速度，以有效预防灾变带来的冲击和损失，在灾后的救灾与重建中，更是扮演着举足轻重的角色。

美国志愿组织灾难行动联盟在灾变管理中扮演了经纪人的角色。该联盟是美国非营利组织和志愿者的灾后应变行动的领导者，在全美国已有超过 40 个的志愿性组织成员代表，定期举行会议，会议内容包含资讯分享、人力资源互通、资源协调与整合、专案执行与规划等；此外，该联盟是国家应变协调中心（National Response Coordination Center，以下简称 NRCC）——隶属美国联邦应急管理署总部——的民间协调窗口，同时，也是国家应变计划（National Response Plan）的签约方。美国志愿组织灾难行动联盟的组织常态、纵向联结与横向分工，紧密地拉起了政府与民间组织的网络桥梁。该模式确实是我们可以仿效学习的对象。

（二）中国台湾非营利组织灾变应对平台模式

1. 9·21 社工震灾行动联盟

1999 年 9 月 21 日凌晨，在中国台湾中部发生了规模 7.3 级的大地震。地震所造成的人员伤亡与财务损失是中国台湾一百年来最大的。9·21 大地震发生后，除了有消防、军队、警察与医务人员参与紧急救援，以及宗教慈善团体的志愿者加入协助之外，还有来自社会各界及代表政府的福利服务工作者及时参与到灾难救援的服务中。民间的人力、物力纷纷投入灾区，同时，也出现了资源的重叠、浪费、滥用等情况。在混乱之中，非营利组织团体开始反省并出现了一些策略联盟与伙伴关系，如当时的全国民间灾后重建联盟、北部社工震灾行动联盟、中部资源整合促进会——社工咨询专线等合作平台联盟，彼此协调并且合作，避免资源的浪费、重叠等。

　　灾难发生之后，中国台湾北部的社工民间组织机构，诸如阳光社会福利基金会、中华社会福利联合劝募协会、残障联盟、智障者家长总会等通过协商迅速组成了"社工震灾行动联盟"。通过上述社工民间机构派遣社工参与或者社工志愿参与的方式，以及招募学校社工系大四以上的学生和研究生，组织社工人力资源队伍。为有效协助受灾区域，"社工震灾行动联盟"在前往灾区开展服务之前，首先向内政部报告，同时，联络南投县政府，在得到回应之后，便派员前往灾区，开展短期的可替代性高的社工服务。诸如社工服务队分为资料收集组、需求调查组和联络组，他们及时完成埔里镇灾民聚集地需求调查和资源名册的建立，并将资料整理印发给各物资中心、服务中心、乡镇公所各服务部门和提供服务的各个主要据点。在救援物资比较丰富的灾民聚集点，协助建立物资发放制度，并设法将救援物资转配、输送到救援物资比较薄弱的灾民聚集点。为保持信息的顺畅沟通，社工联盟每天将工作汇报给中央、地方政府单位、镇公所及后勤中心。为配合内政部关于整合社工资源、避免社工资源重复浪费的要求，社工震灾行动联盟转移到台中县，协助县政府进行各灾民聚集地的灾民需求调查工作。在需求调查过程中，社工整理出特殊人口群的相关资料，如失依儿童、独居老人、身心障碍者，对于需要紧急处理的，将资料转介给相关的社会资源机构来协助处理，并将访查资料全数交给台中县政府社会局，作为其后续服务的参考资料。紧急救援阶段结束后，社工震灾行动联盟将后续行动交由中国台湾社会工作专业人员协会，以便其继续进行后续可能开展的服务规划。①

　　中国台湾中部以社会福利机构专业社工人员资源整合促进会——"9·21社工资源整合专线"为例。由于"9·21"灾难太大，中部地区第一线社工人员抢救到第三天后，已经累垮了，急需要更多社工专业人员的支援及替换。鉴于此，中部地区的社工界、学术界结合了内政部社会司、省政府社会处，共同成立了"社会福利机构专业社工人员资源整合促进会"，共同合作，互相支援救灾工作，并成立了"9·21社工咨询专线"。在灾难发生的第一时间，号召全国社工界前往灾区救灾。到灾难发生满一个月时，已派出100队以上，共有1000多人次前往灾区协助救灾工作。②

　　2. 八八水灾服务联盟

　　2009年8月8日，莫拉克台风夹带着丰沛的降雨量侵袭中国台湾，这是中国台湾近50年来遭遇到的最严重的水患，即"八八水灾"，造成南部、东南部722人死亡、失踪，房屋损毁1767户，淹水达16万户的重大灾情。③

　　"八八水灾"可以说是对自1999年"9·21震灾"之后这十年来中国台湾灾害社会工作的一个检验。从灾害初期的紧急救援到评估灾后居民的需求与问题，落实重建服务计划，整合社区资源提供服务，社会工作者运用专业的服务理念和方法，开展了长期的参与服务。灾害社会工作者扮演了危机介入、支持、协调、需求评估、咨询提供、咨询辅导、个案管理、整合资源等多重角色，以协助受

---

　　① 谢东儒：《紧急救援阶段民间团体社会工作者参与九二一灾变服务的角色与功能——以"社工震灾行动联盟"为例》，《九二一地震社会工作者灾难服务之角色功能评估——台湾国科会专题研究计划（NSC-89-2625-Z-031-001）》，东吴大学社会工作学系2001编印，第97—113页。

　　② 陈宇嘉、杨慧满：《重大灾变中非营利组织策略联盟——台湾的经验与反省》，《灾害救助与社会工作（2010两岸社会福利学术论坛）》，台湾中华救助总会、财团法人中华文化社会福利事业基金会2010年编印，第363—374页。

　　③ 台湾灾害防救科技中心：2010年报，http://ncdr.nat.gov.tw/Files/Report/201304181 22335.pdf。上网日期：2012年12月25日。

灾居民尽快重建家园，回归正常生活。[1]

但是，无论是在"八八水灾"，还是在"九二一震灾"的救灾工作中，最常发生的是"第一线工作者很多，但支援系统不足"的困扰。从整合型灾难救援的角度来看，灾后救援更强调"支持性""协调性"工作，灾难发生时，并不是每一个人都应马上进入灾区提供第一线的服务。如果每一个人都是在灾难发生头几天到灾区救灾，那么几天之后，几乎全部的人都累了，没有人可以支援、没有人可以轮替，救灾工作马上就会面临中断的危险。所以，救灾系统应有整合，应有系统规划，并强调"支援"观念。[2]

中国台湾学者陈宇嘉将参与救灾的单位分为四种系统：（1）责任单位：灾区当地现场的既有单位应成为"责任单位"，是负责现场各专业之间的指挥与统筹者；（2）服务团队：灾区之工作者，或由外界进入灾区提供直接服务给灾民的工作团队；（3）支援团队：并非整体机构或团队介入，而是单派数人支援上述的"服务团队"；（4）协调团队：是以团体为主导的服务方式，主要责任为协调民间各团体及组织，以使各种服务及资源有效使用，不致重复而浪费。

上述四个系统之间的逻辑互动关系见图7-3。

为了确保灾害发生后能够有序开展救援活动，留在受灾现场开展工作的主要为负责指挥的责任团队以及开展一线直接救援工作的服务团队。而非受灾现场的支援团队和协调团队，在没有经过有序组织和协调的前提下，尽量不要一股脑进入受灾现场。支援团队的人力、物资、财力等相关资源，可以通过协调团队的整合平台进行有序组织、归类，并通过协调团队与受灾现场的责任团队进行"供需对接"，有序、分步输送到受灾现场，统一口径传送到一线服务

---

[1]　黄碧霞、蔡适如、陈千莉、周慧婷：《内政部对于莫拉克风灾灾害救援及生活重建之工作报告——社会工作专业的观点》，《社区发展季刊》2010年第131期。

[2]　陈宇嘉、杨慧满：《重大灾变中非营利组织策略联盟——台湾的经验与反省》，《灾害救助与社会工作（2010两岸社会福利学术论坛）》，台湾中华救助总会、财团法人中华文化社会福利事业基金会2010年编印，第363—374页。

团队，以便服务团队能够及时、有效、持续地开展服务，同时，也可以避免陷入服务资源的重叠浪费或空缺不足等两难的困境。

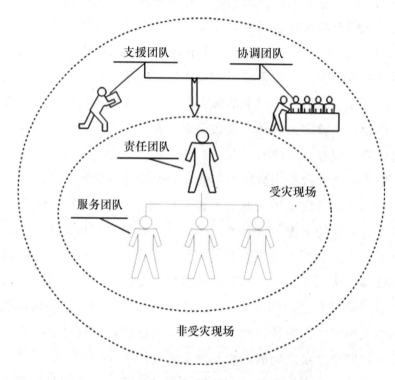

图7-3 救灾服务联盟资源整合团队概念图

救灾工作中的支援系统在经过上述概念的整合之后，可以提供的实际工作内容包括人力支援、物资支援、财力支援、专业团队的合作与支援以及行政协调与支援等工作项目。（1）人力支援：提供人力资源，配合当地政府机构或社工组织开展灾难救助服务；（2）物资支援：在后方开展财力或物资的筹集与管理，间接支持一线社工组织或政府；（3）财力支援：各界的募款可以直接提供给受灾居民，以解决其经济上的困难；也可以提供给各个直接服务的机构，让机构提供服务给受灾居民。这些财力上的支援与分配，应妥善谨慎处理，并公开责信；（4）专业团队的合作与支援：各种社会工作团队在救灾过程中，除了重视本身团队内的互相协调之外，更应该重视与其他团队之间的合作。在灾难发生之后，灾民需要各种团队一起为他们解决问题，不管是社工、医生，还是心理、卫生、教育、建筑等专业团队，都要一起合作，共同为灾民解决问题，这才是最有效的合作；（5）行政协调与支援：在救灾工作中，政府是救灾工作的主要责任主体。所以，如何支援行政体系、协助行政系统中的工作人员开展灾后救援工作，也是整个支援系统很重要的工作之一。①

因此，借鉴"9·21震灾"的应变经验模式，"八八水灾"发生之后，台湾社会服务团体成立"八八水灾服务联盟"。在8月12日的第一次筹建大会上，有81个团体组织签到，参与盟员共有5个赞助企业（中华电信、台湾微软股份有限公司、全通物流快递、华硕电脑股份有限公司及微星科技公司）和76个非营利组织团体。在组织结构方面，参照"9·21"经验，分为社工/社区组、心理组、行政后勤组、医疗/健康组、文化组、法律组、教育组、资讯组、安置组与专家学者组共10组。由各领域学者专家与实务工作者合作，运用各组织本身的八八灾后募款，以及红十字会框列出来的八八善款软体重建经费，借由"八八水灾服务联盟"平台整合服务与资源，提供全方位、跨领域的服务。由台湾微软公司赞助建置网络平台，分享资讯并邀集各界团体共同投入救灾、安置及重建工作。

服务联盟的目标是联盟成员共同制定六年重建工作目标。近程目标为促进资源整合与服务协调；中程目标为协助受灾居民重建社区与生活，输送专业服务到居民安置区与受灾重建地区；远程目标为建立重大灾害因应与重建系统，强化备灾救灾能力与教育推广，并促成大众文化教育之成长。

服务联盟工作的策略包括邀集政府各相关部门、受灾县市政府

---

① 陈宇嘉、杨慧满：《重大灾变中非营利组织策略联盟——台湾的经验与反思》，《灾害救助与社会工作（2010 两岸社会福利学术论坛）》，台湾中华救助总会、财团法人中华文化社会福利事业基金会 2010 年编印，第 363—374 页。

与未受灾县市政府，形成纵向系统；邀集民间相关专业团体，分组并推派召集人形成联络网，掌握组内服务能量，以服务据点形成跨专业服务团队，整合该点内跨专业发展服务方案；召开定期会议，邀集政府部门与民间部门共同参与、主持，以建立横向服务网络；建立网站资讯平台，提供灾后重建所需的资讯和资源，并以多媒体的模式记录重建区支援活动及成果；出版工作手册及相关资料，供各方学者专家组织工作人员使用；提供盟员经审核通过的服务所需的经费与资源。

服务联盟的运作特点。从"9·21震灾"到"八八水灾"，民间社会服务团体从原来的"单枪匹马"地单一投入救灾与重建工作的策略，走向组织联盟合作的模式。在"八八水灾服务联盟"中，非常明显的特点是民间联盟已了解到各级政府在应变方面的局限性，愿意主动积极地提供支援，因而能扩张提供资源和服务功能，进而起到连接民间服务团体和地方政府负责单位之间的桥梁的作用。联盟决策小组主动横向联系其他独立作业的大型民间（宗教）组织，并勤于出席各级政府的重建会议，以协调在各灾区规划的软硬体重建工程。更多盟员也以服务专案的方式，向"八八水灾服务联盟"申请方案补助，以开展灾区重建工作等。与9·21大地震"全国民间灾后重建联盟"相比，"八八水灾服务联盟"不仅是众多社工与社区营造团体的合作，心理与社工的整合，更是加入了不同宗教团体、网络资讯科技、企业组织等领域的资源的整合。①

（三）境外灾害服务行动联盟的启发

借鉴境外民间整合型灾难应变与管理机制，本书认为，要建立常态性的、融入灾害管理架构的灾害社会工作跨部门合作机制，可以从两个方面着手：一是在社会工作专业内部的合作层面，建立常态性的"社会工作防救灾行动联盟"；二是在政府与

---

① 冯燕、黄琼亿：《台湾非营利组织灾变应对平台模式之发展——从九二一震灾到莫拉克风灾》，《社区发展季刊》2010年第131期。

社会工作非营利组织的互动层面，建立融入政府灾难管理架构的跨部门合作机制。

　　灾害社会工作跨部门合作机制的建构模型如图7-4所示，下文将逐一展开论述。

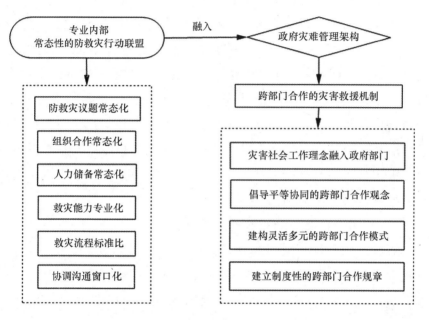

图7-4　灾害社会工作跨部门合作机制建构模型

二　专业内部建构常态性的社会工作防救灾行动联盟

　　在社会工作专业内部建立常态性的"上海社会工作防救灾行动联盟"，主要是指在灾难的平缓期，社会工作的实务界、学术界及行政界通过各方努力，将临时性的"服务团"拓展为常态性的"上海社会工作防救灾行动联盟"。由社会工作业界具有较高专业地位或专业声望的权威人物，或者是能够得到社会工作业界认同的专业机构的负责人——诸如上海市民政局职业社工处领导或上海市社工协会会长——作为召集人，召集社会工作实务界、学术界以及社会工作行政界的相关机构的代表作为行动联盟的组成成员，其目的在于实现社会工作业界的资讯互动、人力互通、资源协调与整合、服务整合、系统性合作、议题倡导等。

常态性的"社会工作防救灾行动联盟"的行动过程可以分为三个阶段进行。第一阶段是防救灾议题常态化;第二阶段是组织合作常态化;第三阶段是防救灾功能常态化。

(一)第一阶段:防救灾议题常态化

防救灾议题不仅是灾害发生后社会工作界的热门议题,而且在灾害的平稳期,也能够成为被社会工作界经常关注的常态议题。"上海社会工作防救灾行动联盟"每年通过定期或不定期的研讨会、培训等方式,促使社会工作实务界、学术界、行政界经常性互动,培养、建立和巩固信任的伙伴关系,提升社会工作者的灾变应对能力与水平,使防救灾议题在社会工作专业领域的讨论、能力提升以及在机构之间的互动能够常态化。在此阶段,参加行动联盟的组成成员可以是松散和灵活的。

(二)第二阶段:组织合作常态化

随着第一阶段议题常态化的逐步推进,可以尝试建立常态性、正式性的"上海市社会工作防救灾行动联盟"组织。组织内部可以有正规的组织架构、制度化的规则或规范,以避免组成成员之间过于松散的联结,导致形式上维系而功能的无维持,即"有名无实"。

需要强调的是,无论是以"常态性议题"的形式存在,还是以"常态性组织"的形式存在,"上海社会工作防救灾行动联盟"都是一个社会工作专业内部水平横向的跨组织合作联盟,成员之间在保持自身组织自主性的基础上,强调平等合作、沟通分享,组织成员之间更多扮演伙伴的角色,"权威的召集者"则需要更多地扮演服务者和协调者的角色,而非管理者的角色。

(三)第三阶段:防救灾功能常态化

"上海社会工作防救灾行动联盟"需要在总结"上海社工灾后重建服务团"的经验和不足的基础上,实现以下几个功能的强化和拓展。

1. 促进社工组织之间在防救灾过程中的协调合作

如前所述，信任是组织间实现良好协调合作关系的最重要的基础。信任关系的建立至少包括能力及善意两个面向。能力是指合作的对方至少应具备完成合作事项的基本能力，善意则是指跨组织/跨专业服务网络中的各个行动者在合作过程中，对共同的行为有具体的承诺与行动。①

但是组织之间的信任关系不是天生就有的，需要在互动过程中慢慢培养。而组织之间协调合作的习惯亦不会自动发生，需要彼此学会"权益让渡"，学会互动关系的经营。因此，社会工作实务界、学术界等组织机构通过定期或不定期的参与防救灾议题讨论，不仅可以强化"灾害共同体"的责任意识，而且，可以通过开会、沟通、资讯共享、组织培训等活动的开展，加强社工组织之间彼此互动的频率，以培养默契、实现在常态性互动过程中强化信任关系的连接。在认知上，愿意相信参与防救灾行动联盟的社工组织机构具有防救灾的能力及善意；在情感上，愿意服从防救灾行动联盟关于防救灾的使命与目标，并有所承诺；在行为上，愿意尽力完成防救灾行动联盟的相关工作以及共同行动。社工实务界、学术界的组织机构只有在灾难发生前具备上述三个层次的信任行为，才能确保在灾害发生时和灾害发生后实现组织之间的顺利运作以及协调合作。

2. 提升社会工作防救灾专业能力，储备灾害社会工作专业人力资源

通过防救灾议题的经常性讨论学习，进行专门的哀伤处理、紧急救援物资管理、受灾居民需求评估、资源连接整合、组织间的沟通合作、志愿者管理等实务技能培训和学习，以提升社会工作专业回应灾害的服务能力。行动联盟的参与者可以登记有意愿参与救援服务的社工专业人力，并建立完整且系统的灾害社会工作人力资料

---

① 郑世仪：《从组织间关系的观点谈社会福利组织跨组织/跨专业服务网络的建构》，《社区发展季刊》2004 年第 107 期。

库，以明确掌握灾难发生时可用的专业社工人力资源。

3. 实现社会工作专业内部的资源整合和资源优化

要实现防救灾资源的有效整合和优化，则需要非灾期的统筹规划和梳理。"上海社会工作防救灾行动联盟"的参与组织，无论是学术机构、实务机构还是行政单位，各自所拥有的资源种类、数量和功能都各不相同。例如，有些社工机构专业人力资源充沛，有些社工机构信息资源丰富，有些社工机构具有行政资源，而有些社工机构募集财务能力较强等。在平时的常态性议题讨论中，"上海社会工作防救灾行动联盟"的参与机构之间，可以就以上资源进行整理、登记、列账、盘点，并对参与机构的角色功能、职能分工、行动规划等进行梳理和执行，以防止联盟过于形式化。明确哪些机构可以提供社工人力资源、哪些机构可以提供具有特色的服务项目、哪些机构可以提供所需的财物资源等。如此可以确保和提高灾害发生时及灾害发生后社会工作专业救援行动的有序和有效。

4. 探索建立灾害社会工作的标准作业流程

"上海社会工作防救灾行动联盟"的重要职能之一，就是研究、探索、借鉴和宣导灾害社会工作的标准作业流程，建构较为完整的灾害社会工作功能描述，有效开展防救灾的基本原则、详细流程、现场作业手册等的制定，通过建立网站、手册印发、专业培训等渠道，宣导和分享上述资讯与资源，供参与灾害救援的社会工作人员使用。

5. 作为社会工作业界与政府部门或其他专业领域沟通协调的"统一窗口"

灾难救援中的"大害"就是在缺乏整合前提下的各自为政和混乱格局。社会工作专业团队在救灾过程中，除了重视专业内部的相互协调、配合和支援之外，更应重视与专业外部其他专业团队之间的合作。因此，"上海社会工作防救灾行动联盟"需要作为社会工作业界与其他专业领域灾难救援组织——如医疗、心理、卫生、教育等——沟通协调的"统一窗口"，定期邀请政府部门或其他领域的专业团体组织参与、主持防救灾议题会议，建立横向的服务网络，避免社会工作专业内部、社会工作专业与其他专业之间的多头马车的"乱象"。此功能类似于中国台湾地区"八八水灾服务联盟"中社会工作组的角色，即由社会工作界有声望的人士担任社会工作专业的召集人或发言人，与其他救援服务组织（如医疗组、行政后勤组、法律组、教育组等专业组织）沟通联系。

三　政府层面建构融入灾难管理架构的跨部门合作机制

纽伯恩·蒂姆（Newburn Tim）早在其1993年的研究报告中就提出，地方政府无论资源多么充裕，在回应处理大灾难时，很快就会发觉力不从心。因此，政府社会工作部门的资深主管应将建立跨机构的合作机制作为灾难处理预备工作阶段的重要目标。只有平时与社会工作非营利组织保持密切的合作关系，在灾害发生后，社会工作非营利组织才有可能快速配合政府部门进行短期或长期的灾后救援工作。①

就社会工作专业内部的合作，虽然本书提出了建立常态性的"上海社会工作防救灾行动联盟"的设想，而且在行动联盟中也包括社会工作的政府部门，但是，相比专业内部的合作，政府部门与社会工作非营利组织之间的跨部门合作机制似乎更不易建立，亦更难维持。

参照美国志愿组织灾难行动联盟（NVOAD）与美国联邦应急管理署之间跨部门合作的运作模式，本书尝试从合作理念、合作模式、合作路径三个层面探讨建立融入灾难管理架构的跨部门合作机制。

（一）合作理念建构

合作理念的建构主要是指将灾害社会工作理念融入政府部门，

---

① Newburn Tim, *Disaster and After: Social Work in the Aftermath of Disaster*, London: Jessica Kingsley Publishers Press, 1993, pp. 186–188.

并倡导平等协同的合作观。

1. 在政府救灾职能部门融入灾害社会工作理念与方法

以民政系统为例，传统的灾难救援工作侧重于发放救灾物资、救灾救济金等。这样的理念和做法在灾难紧急救援阶段确实非常重要，但是仅仅停留在发放物资的层面还远远不够。特别是随着灾害救援进入过渡安置和恢复重建阶段后，这种单纯的物资救援的缺陷与弊端会愈加凸显。其实，社会工作专业也强调在灾难发生后的紧急救援阶段对受灾居民提供及时、必要、快捷的救援物资，但是在此基础上，社会工作更强调对受灾居民或家庭进行全面的需求评估；强调基于需求评估基础之上的物资救援，以确保救灾物资合理、有效地发放；强调受灾居民心理情绪的支持、家庭功能的恢复；强调对受灾的弱势人群的关注与补充服务；强调整个社区复原力的培育，等等。在社会工作专业看来，救灾物资的发放仅仅是灾难救援的起点，真正的灾后服务是后续的对受灾居民、受灾家庭和受灾社区的持续陪伴、支持与协助。

中国台湾台北市政府社会局社工员张又升以公部门社工人员的身份参与了"9·21震灾"灾难救援，并整理出公部门社会工作者的角色与任务。既存资源的整理：将有各项需求的案主与符合其需求的资源进行连接；危机处理与危机家庭服务：通过家庭访问的方式，发现危机家庭及个人，并评估其福利需求与困难；需求评估与资源点存：在评估家庭需求及非正式支持系统的基础上，帮助其了解并获取相关的抚恤及补偿；个案转介与个案资料建档：支援小组的服务一般都是临时性的，服务时间有期限，因此，当支援结束要撤出时，对于仍有福利需求的个案，以及个案后续服务问题，便需要当地的政府机构接手，所以，建立完整的个案资料库、整理易受伤害人群名单成为社工的工作重点之一；问题及意见的收集与反映：在灾后救援服务的过程中，从上游的资源供给、服务提供，一直到下游的方案落实以及灾民的实际需求的满足之间，往往存在不少的落差。社会工作者在此过程中，一方面要扮演公职部门的第一线实务工作者的角色，进行民情探访，反映民众需求，作为建议政策修订的方向，以使灾后救援措施和资源供给尽可能贴近灾民需求；另一方面，则需要作为灾民的代言人，为灾民争取最佳的待遇与最适合的生存环境。①

从以上的论述可以看出将灾害社会工作的服务理念和方法融入政府救灾职能部门的重要性。一方面，政府相关部门（比如民政系统的救济救灾处、社会工作处）可以逐步招募具有社会工作专业背景的人员在相关工作岗位任职，并进行持续的专业灾变议题培训；另一方面，可以在目前现有的工作人员队伍中，加强社会工作专业知识和技能的培训及教育，从而使日常救灾服务人员具有社会工作的理念和方法，使单纯的社会工作人员具有救灾服务的技巧和知识。

2. 倡导平等协同的跨部门合作观念

协同合作作为政府与社会组织互动的一种关系模式，其核心概念是基于相互认同的目标，建立在相对自主、地位平等、责任明确、程序透明的相互镶嵌与认同的互动模式上。特别是中国官僚体系造成的"官本位"的权威情结根深蒂固，而公民社会的发展尚处于起步阶段，要建立真正意义上的政社合作关系，平等协同的合作观念的倡导更是至关重要。

一方面，政府应摆脱过去老大哥的心态，认识到在灾难救援过程中政府的局限与不足；认识到政府与民间是一种相互合作、功能互补的关系；认识到社会工作专业人员及社会工作非营利组织机构在灾后紧急救援与恢复重建过程中的重要性；认识到政府自上而下、有诚意地对非营利组织的支援与协助的重要性和必要性；认识到唯有"公私部门的协调合作"才是灾难救援的不二法则。

---

① 张又升：《九二一震灾中一个救灾参与者的观察与心得记录》，《福利社会》1999 年第 74 期。

　　另一方面，社会工作非营利组织也要摒弃"非我莫属"的盲目自信。不仅要认识到灾难救援过程中政府作为核心"协调者"和"主导者"的角色，还要意识到现阶段自身在能力和资源上的局限性，要结合受灾社区分散、需求多样的特点，主动配合当地政府及基层组织，开展物资配送、受灾家庭需求调查、受灾居民关怀访视等服务。

　　（二）合作模式建构

　　建立政府与社会工作非营利组织之间灵活多元的合作模式，意味着在灾害发生的不同阶段，合作模式应及时地转换和调整。包括从防灾备灾阶段的常态化沟通，到紧急救援阶段的支援模式，再到恢复重建阶段的契约化正式合作模式。

　　1. 在防灾备灾阶段，建立多元的跨部门沟通联系渠道

　　在防灾备灾期，政府与社会工作非营利组织之间的合作可以通过定期的会议沟通、社工人力资源储备、签署合作备忘录、防救灾演习等方面进行。

　　参照美国志愿组织灾难行动联盟与美国联邦应急管理署之间的跨部门合作运作模式，政府可以通过多种渠道加强与社会工作非营利组织之间的互动联系。政府部门主动并经常邀请社会工作实务代表、学术机构代表参加其防救灾的重要会议；建立完整、系统的灾害社会工作人力资源库和可以开展灾后救援的社会工作非营利组织资源库，并对其进行纳编排组、职能分工，使其在灾难发生的第一时间可以被及时调动，投入救灾行列，作为政府的重要补充力量进行统一管理；政府与"上海社工防救灾行动联盟"就灾难的防灾备灾阶段、紧急应对阶段、恢复重建阶段可以合作的内容、合作的方式等进行探讨，并可以签署正式的防救灾合作备忘录，明确双方的责任和义务；政府与"上海社工防救灾行动联盟"定期或不定期地联合举办防救灾课程训练，定期或不定期地举行防救灾联合行动演习，从而达到熟悉、掌握、了解跨部门合作流程与合作内容的目的。

2. 在紧急救援和过渡安置阶段，建构灵活机动的支援模式

由于紧急救援阶段时间紧迫、任务紧急，所以，需要在最短的时间内投入较大的人力、物力资源帮助受灾居民脱离危险。因此在合作模式上，社会工作非营利组织需要尽力配合政府，扮演好"支援者"的角色。

人力资源合作方面。政府部门是人力资源的主要整合者、调度者及派遣者，而社工组织及社工人员则愿意主动接受政府对其人力的整合、调度及派遣，共同协助政府开展灾民服务工作。例如，政府可以根据平时建立的社工人力资源数据库，将具有公信力的社工组织或社工队伍整合成人力资源调度中心；而社工组织可以主动告诉政府其服务的专长与优势，共同协助政府进行救援服务工作。

物资资源合作方面。紧急救援和过渡安置阶段过程中所需要的物资大部分是以民生物资或医疗药品为主的。一般来说，政府与非营利组织在物资资源的合作关系方面可以归纳为两种：一种是政府部门是物资调度者，非营利组织是物资的供应者；另一种是政府部门是非营利组织的物资提供者。鉴于目前中国社会工作非营利组织发展刚刚起步的现状，社工组织自身的物资较多依靠政府提供，所以在合作方式上，政府可以授权社工组织动员人力，协助政府进行物资管理工作，包括整理、分类、发放等，以便协助政府用最快的速度将物资发放到灾民手中。

资讯资源分享方面。政府与社工非营利组织在资讯分享方面有以下两种模式：其一，政府是资讯的提供者，社工机构根据政府提供的资讯来提供服务；其二，社工在为受灾居民提供服务的过程中，以及与社区中的关键人物——村居委会主任书记、居民代表等——沟通的过程中，将所了解掌握的资讯提供给政府。通过"上传下达"的资讯沟通分享方式，可以促成政府与受灾居民之间信息的畅通。特别需要强调的是，要确保救灾信息沟通的通畅及时、公开透明、准确全面，利用网络资讯技术建立网络沟通资讯平台实属必要。

3. 在恢复重建阶段，建立正式的契约式合作关系

在恢复重建阶段，受灾居民和社区面临根本性的生计恢复、生活恢复、家庭功能恢复、社区功能恢复等结构性、持久性问题。这些问题的解决需要稳定的资金、固定的服务人力以及持久的服务内容等。在这种情况下，政府与社工组织之间的合作方式，已不能采用紧急救援阶段的临时性、非正式的合作模式，而需要通过服务项目招投标、服务站点委托经营等正式的契约式合作关系进行跨部门合作。例如，政府针对灾后需要特别关注的弱势人口群，如失依儿童、青少年、妇女、身心障碍者、老人、中低收入户等，发展出特定的服务项目，采取招投标、项目委托等方式，选择有能力的社工机构承接运行；或者政府以社区为服务平台，成立"生活重建中心""生活心理关怀站""社工服务站"等实体服务空间，委托当地的社工服务机构管理经营，作为受灾居民恢复重建的一线服务窗口，为灾民提供多元、全面的服务。

（三）合作路径建构

合作路径建构是一个渐进式的制度化过程。制度化的参与机制是保证社会组织参与灾害救助的合法性来源，更是保证社会组织有序参与灾害救助的重要途径。

关于社会组织参与灾害救援服务，2008 年 6 月 18 日颁布的《汶川地震灾后恢复重建条例》把"政府指导与社会参与相结合"作为灾后重建的原则之一，明确"国家鼓励公民、法人和其他组织积极参与地震灾后恢复重建工作"。而在此之后的 2010 年 9 月 1 日，国务院颁布并正式实施的《自然灾害救助条例》第五条规定，"村民委员会、居民委员会以及红十字会、慈善会和公募基金会等社会组织，依法协助人民政府开展自然灾害救助工作"。以上两条法令可以说是对非政府组织参与灾后救援工作做了法律上的指导性规定，但是涉及具体的参与规划、参与渠道、参与职责等制度化的参与保障机制却尚未建立。因此，当务之急就是要建立社会组织参与灾害救助工作的制度化机制，通过相关法律法规的建立与完善，

明确社会组织参与灾害救助的法律地位、职责义务、参与方式、参与途径以及经费来源等，使社会组织参与灾害救助工作做到有法可依、依法参与。①

上述议题同样是中国社会工作组织机构合法有序地参与防救灾工作需要突破的瓶颈问题。在这里，我们或许可以参考中国台湾社会工作参与重大灾难救援中的相关行政条例的规定，例如，在"9·21震灾"的灾后恢复重建中，中国台湾"行政院"于2000年颁布的《九二一震灾重建暂行条例》第二十二条规定如下，"县（市）政府应自行或委托其他机关、社会福利机构或团体，于各灾区乡（镇、市）设立生活重建服务中心，提供居民福利服务、心理辅导、组织训练、咨询转介等服务。生活重建服务中心应配置社工、心理辅导及其他相关专业人员"。2009年，中国台湾"内政部"颁布《莫拉克灾区生活重建服务中心实施办法》的第六条规定，"生活重建服务中心应设置主任一名，综合管理中心业务；设置行政人员、社会工作人员、心理辅导人员或其他与服务内容相关之专业人员办理各项服务"。以上行政部门颁发的条例和实施办法中，对社会工作人员配置及相关职责做了明确规定，确保了社会工作参与灾后重建工作的合法性地位。

从实际可行的角度分析，中国社会工作非营利组织参与防救灾工作的制度化、政府与社会工作组织跨部门合作的规范化，需要一个渐进式的逐步发展历程。本书将这个发展过程细分为合作常态化——合作契约化——合作规范化——合作制度化。

第一步是合作的常态化。可以从防救灾议题的常态性合作讨论做起，并尝试建立跨部门的"灾害社会工作人力资源库"。

第二步是合作的契约化。政府与社工组织之间可以加强"防救灾"项目的合作，由非正式的互动关系拓展为正式的"契约式合作"关系。

---

① 张粉霞：《从社会政策视角分析〈自灾害救助条例〉》，《城市与减灾》2011年第11期。

　　第三步是合作的规范化。随着合作的进一步加深，以民政为代表的政府部门，可以尝试与以社工机构为代表的非营利组织签订"防救灾合作备忘录"，明确社工组织主动参与防救灾的责任义务、参与方式、参与途径以及经费来源等细则，促使社工组织参与防救灾任务的规范化。

　　第四步为合作的制度化。根据以上三个步骤的尝试、探索和积累，政府部门可以探索、建立"社会工作参与防救灾工作"的行政规章或制度性规定，促使社会工作参与防救灾工作取得合法的地位。

　　概而言之，一方面，社会工作专业内部需要整合专业力量，形成"常态性的防救灾行动联盟"，通过防救灾议题常态化、组织常态化以及功能常态化等方式，不断提升和整合专业内部的合作能力；另一方面，在政府与社会工作非营利组织层面，在合作理念、合作模式、合作路径三方面，建立"融入政府灾难管理架构的跨部门合作机制"，即政府的救灾职能部门可以吸纳社会工作专业的理念和方法，通过倡导平等、协同的跨部门合作观念，建立在灾难不同阶段灵活机动的合作模式；通过渐进式的制度化过程，建立跨部门合作的政策法规等方式，将灾害社会工作融入政府的灾难管理架构体系中。

参考文献

一 中文文献

［美］弗朗西斯·福山：《信任：社会美德与创造经济繁荣》，彭志华译，海南出版社 2001 年版。

［美］莱斯特·M. 萨拉蒙：《公共服务中的伙伴——现代福利国家中政府与非营利组织的关系》，田凯译，商务印书馆 2008 年版。

［美］尤金·巴达赫：《跨部门合作——管理"巧匠"的理论与实践》，周志忍、张弦译，北京大学出版社 2011 年版。

郭虹、庄明：《NGO 参与汶川地震过渡安置研究》，北京大学出版社 2009 年版。

韩俊魁：《NGO 参与汶川地震紧急救援研究》，北京大学出版社 2009 年版。

何道峰：《5·12 行动启示录——汶川大地震社会响应研究丛书（丛书总序）》，北京大学出版社 2009 年版。

江大树、廖俊松：《府际关系与震灾重建》，台北：元照出版公司 2001 年版。

江明修：《非营利管理》，台北：智腾文化事业有限公司 2002 年版。

林万亿：《灾难管理与社会工作实务手册》，台北：巨流图书股份有限公司 2011 年版。

刘丽雯：《非营利组织：协调合作的社会福利服务》，台北：双叶书廊有限公司 2004 年版。

刘能、高丙中、师曾志：《联手的力量：中国红十字基金会"5·

12"灾后重建公开招标项目评估报告》，北京大学出版社 2012 年版。

丘昌泰：《灾难管理学——地震篇》，台北：元照出版公司 2000 年版。

宋丽玉、曾华源、施教裕：《社会工作理论——处理模式与案例分析》，台北：洪叶文化事业有限公司 2011 年版。

汪锦军：《走向合作治理：政府与非营利组织合作的条件模式与路径》，浙江大学出版社 2012 年版。

王增勇、赖诚斌、黄盈豪：《那一年我们在莫拉克……社会工作救灾实务操作指引：莫拉克风灾经验集结实录研究》，高雄市社会局 2011 年版。

吴英明：《公私部门协力关系之研究：兼论公私部门联合开发与都市发展》，台北：丽文文化事业公私印行 1994 年版。

詹中原：《危机管理——理论架构》，台北：联经出版事业股份有限公司 2004 年版。

张和清、裴谕新、古学斌：《灾害社会工作——中国的实践与反思》，中国社会科学出版社 2011 年版。

张强、陆奇斌、张欢：《巨灾与 NGO——全球视野下的挑战与应对》，北京大学出版社 2009 年版。

张强、余晓敏：《NGO 参与汶川地震灾后重建研究》，北京大学出版社 2009 年版。

周月清：《九二一灾变与社会工作者》，台北市社会局 2001 年版（台湾国家图书馆典藏资料）。

蔡屹：《小组工作运用于板房安置点受灾群众社会关系的重建——以勤俭人家"和谐巷"居民自我管理弄堂会为例》，《华东理工大学学报》（社会科学版）2008 年第 4 期。

曾群：《助人自助：灾后社区社会服务的核心价值》，《杭州师范大学学报》（社会科学版）2008 年第 3 期。

陈宇嘉、杨慧满：《重大灾变中非营利组织策略联盟——台湾的经验与反省》,《灾害救助与社会工作（2010 两岸社会福利学术论坛)》,台湾中华救助总会、财团法人中华文化社会福利事业基金会 2010 年编印。

范斌:《灾后社会重建：社会工作的行动基础及专业成长》,《华东理工大学学报》(社会科学版) 2010 年第 6 期。

费梅苹:《灾后安置社区社会工作的实践与反思——都江堰市"勤俭人家"社会工作服务经验研究》,《华东理工大学学报》(社会科学版) 2008 年第 4 期。

费梅苹:《灾后社会重建中社会工作服务方案的设计》,《西北师大学报》(社会科学版) 2009 年第 46（3）期。

冯燕:《环境变迁中社会工作专业新发展——灾变管理社会工作》,《灾害救助与社会工作》,台湾中华救助总会、财团法人中华文化社会福利事业基金会 2010 年版。

冯燕:《社工核心能力培养——台湾社会工作教育的新页》,2009 年华人社会工作教育国际研讨会论文。

冯燕、黄琼亿:《台湾非营利组织灾变应对平台模式之发展——从九二一震灾到莫拉克风灾》,《社区发展季刊》2010 年第 131 期。

顾东辉:《本土导向：灾后社区社会重建的实践智慧》,《杭州师范大学学报》(社会科学版) 2009 年第 2 期。

黄碧霞、蔡适如、陈千莉、周慧婷:《内政部对于莫拉克风灾灾害救援及生活重建之工作报告——社会工作专业的观点》,《社区发展季刊》2010 年第 131 期。

江岷钦、孙本初、刘坤亿:《地方政府间建立策略性伙伴：以台北市及其临近县市为例》,《行政暨政策学报》2004 年第 38 期。

江明修、郑胜分、游淑绮:《非营利组织与灾区重建》,《非营利管理》,台北智腾文化事业有限公司 2002 年版。

林万亿:《灾害管理与社会工作》,《社区发展季刊》2010 年第 131 期。

刘丽雯、张利能:《GIS 在地方政府赈灾组织资源管理上的运用:

以九二一震灾的社会服务资源管理体系建构为例》,《东吴社会学报》2004 年第 16 期。

彭怀真:《重大灾情对社会工作教育的影响》,《社区发展季刊》2003 年第 104 期。

钱宁:《四川地震后的政府、非营利组织与社区合作关系思考》,《灾害救助与社会工作（2010 两岸社会福利学术论坛)》,台湾中华救助总会、财团法人中华文化社会福利事业基金会 2010 年编印。

孙本初、吴宗宪:《政府与非营利组织互动模式研究之回顾与前瞻》,《研习论坛》2010 年第 116 期。

孙本初:《论治理模式在政府与非营利组织互动中之应用》,《人事月刊》2005 年第 41（3）期。

孙志丽:《灾后安置社区贫困与社会工作介入——以勤俭人家安置社区为例》,《大连理工大学学报》（社会科学版）2009 年第 4 期。

孙智辰、郭俊严:《风险社会下灾变事件对社会工作人力教育影响之初探》,《非营利组织管理学刊》2010 年第 8 期。

汤京平、蔡允栋、黄纪:《灾难与政治:九二一地震中的集体行为与灾变情景的治理》,《政治科学论坛》2002 年第 16 期。

汪锦军:《政府与非营利组织合作的条件:三层次的分析框架》,《浙江社会科学》2012 年第 11 期。

王思斌、阮曾媛琪:《和谐社会建设背景下中国社会工作的发展》,《中国社会科学》2009 年第 5 期。

王曦影:《灾难社会工作的角色评估:"三个阶段"的理论维度与实践展望》,《北京师范大学学报》（社会科学版）2010 年第 4 期。

王秀燕:《灾变因应与生活重建永不缺席的角色——社会工作》,《社区发展季刊》2010 年第 131 期。

王增勇:《社工在九二一灾后重建的实践与反思:以南投县社区家

庭支援中心经验为例》,《社会工作学刊》2003 年第 9 期。

谢东儒:《紧急救援阶段民间团体社会工作者参与九二一灾变服务的角色与功能——以"社工震灾行动联盟"为例》,《九二一地震社会工作者灾难服务之角色功能评估——台湾国科会专题研究计划(NSC - 89 - 2625 - Z - 031 - 001)》,东吴大学社会工作学系 2001 编印。

徐文艳、沙卫、高建秀:《"社区为本"的综合社会服务:灾后重建中的社会工作实务》,《西北师大学报》(社会科学版)2009 年第 3 期。

徐永祥:《建构式社会工作与灾后社会重建:核心理念与服务模式——基于上海社工服务团赴川援助的实践经验分析》,《华东理工大学学报》(社会科学版)2009 年第 1 期。

杨昊:《同舟如何共济:东协区域灾害合作的集体行动逻辑》,《台湾东南亚学刊》2010 年第 7 期。

张粉霞:《从社会政策视角分析〈自灾害救助条例〉》,《城市与减灾》2011 年第 11 期。

张粉霞:《台湾"九二一"震灾中的灾害社会工作》,《中国社会工作》2013 年第 6 (下)期。

张粉霞、张昱:《化危机为转机:国际灾害社会工作研究综述》,《社会工作》2014 年第 1 期。

张粉霞、张昱:《灾害社会工作的功能检视与专业能力提升》,《华东理工大学学报》(社会科学版)2013 年第 6 期。

张粉霞:《合作与冲突:灾难服务中的政社合作机制研究——以上海社工灾后重建服务团为例》,《晋阳学刊》2015 年第 1 期。

张又升:《九二一震灾中一个救灾参与者的观察与心得记录》,《福利社会》1999 年第 74 期。

张昱:《安置社区建设——汶川震后重建的社会工作视角》,《福建论坛》(人文社会科学版)2008 年第 8 期。

张昱:《灾后社会关系恢复与重建的路径探索——基于 Q 安置社区

社会工作介入的实践》，《华东理工大学学报》（社会科学版）
2008 年第 4 期。

郑丽珍：《社会工作人员在灾变事件中的角色》，《社区发展季刊》
2010 年第 131 期。

二 外文文献

Hodgkinson, Peter E. & Michael Stewart. *Coping with catastrophe*: *A handbook of disaster management*, London and New York: Routledge Press, 1991.

Johnson, L. C. & Stephen J. Yanca, *Social work practice-a generalist approach*, Boston: Allyn & Bacon Press, 1998.

Kuhnle, S. & Per Selle, *Government and Voluntary Organizations Relational Perspective*, London: Aldershot Brookfield Press, 1992.

Newburn, Tim, *Disaster and After*: *Social Work in the Aftermath of Disaster*, London: Jessica Kingsley Publishers Press, 1993.

Preffer J. & G. R. Salancik, *The external Control of Organizations*: *A Resource Dependence Perspective*, Stanford, CA: Stanford University Press, 2003.

Tumelty, David & Philip Seed, *Social Work in the Wake of Disaster*, London: Jessica Kingsley Publishers Press, 1990.

Banerjee, M. M. &, D. F. Gillespie. Linking Disaster Preparedness and Organizational Response Effectiveness, *Journal of Community Practice*, 1994, 1 (3).

Bolin, Robert & Lois Stanford, The Northridge Earthquake: Community-based Approaches to Unmet Recovery Needs, *Disaster*, 1998, 22 (1).

Brenton, M. Studies in the aftermath, *Human Behavior*, 1975, 4 (5).

Brinkerhoff Jennifer M, Government-nonprofit Partnership: A Defining

Framework, Public Administration, 2002, 22.

Cherrett, Ken, Gaining Competitive Advantage through Partnering, *Australian Journal of Public Administration*, 1994, 53 (2).

Cherry, Andrew L. & Mary E. Cherry, Research as Social Action in the Aftermath of Hurricane Andrew, *Journal of Social Service Research*, 1996, 22 (1/2).

Coady, N. F. & C. S. Wolgien, Good Therapists' Views of How They are Helpful, *Clinical Social Work Journal*, 1996, 24 (3).

Coston, Jennifer M. A Model and Typology of Government-NGO Relationships, *Nonprofit and Voluntary Sector Quarterly*, 1998, 27 (3).

Dodds, Sally & Elane Nuehring, A Primer for Social Work Research on Disaster, *Journal of Social Service Research*. 1996, 22 (1/2).

Drumm, Rene D., Sharon W. Pittman, & Shelly Perry, Social Work Interventions in Refugee Camps: An Ecosystems Approach, *Journal of Social Service Research*, 2003, 30 (2).

Eikenberry, A. M., V. Arroyave & T. Cooper, Administrative Failure and the International NGO Response to Hurricane Katrina, *Public Administrative Review*, 2007, 67.

Erickson, Kith. C. Partnership and Total Cost Management: Integral to enhanced Profitability, *Australian Journal of Public Administration*, 1994, 53 (2).

GillespieDavid F. & Susan A. Murty, Cracks in a postdisaster service delivery network, *American Journal of Community Psychology*, 1994, 22 (5).

Guy Peters, B. Managing Horizontal Government: The Politics of Co-ordination, *Public Administration*, 1998, 76 (2).

Harrell, Evelyn B. & Michael J. Zakour. Including Informal Organizations in Disaster Planning: Development of a Range-of-Type Measure, *Tulane Studies in Social Welfare, 2000, 21/22.

Hodgkinson, P. E. & M. A. Shepherd, The Impact of Disaster Support, Journal of Traumatic Stress, 1994, 7 (4).

Kapucu, N. Public-Nonprofit Partnerships for Collective Action in Dynamic Contexts of Emergencies, Public Administration, 2006, 84 (1).

Keast, R. & M. P. Mandell, What is Collaboration? In ARACY · Advancing Collaboration Practice. [Fact Sheet 1], Canberra: Australian Research Alliance for Children and Youth, 2009.

Kouwenhoven, V. The Risk of the Public-Private Partnership: A Model for the Management of Public-Private Cooperation, In J. Kooiman (ed.), Modern Governance. London: Sage Press, 1993.

Kreps, G. A. Sociological Inquiry and Disaster Research, Annual Review of Sociology, 1984, 10.

Kreuger, Larry & John Stretch, Identifying and Helping Long Term Child and Adolescent Disaster Victims: Model and Method, Journal of Social Service Research, 2003, 30 (2).

Li-ju Jang & Walter F. LaMendola, Social Work in Natural Disasters: The Case of Spirituality and Post-Traumatic Growth, Advances in Social Work, 2007, 8 (2).

Lowndes, V. & skelcher, C. The Dynamics of Multi-Organizational Partnerships: An analysis of changingmodes of governance, Public Administration, 1998, 76.

Manyena S. B, The Concept of Resilience Revisited, Disasters, 2006, 30 (4).

McQuaid, R. W, The Theory of Partnership: Why Have Partnership? in S. P. Osborne (ed.), Public-Private Partnerships: Theory and Practice in International Perspective, London: Routledog Press, 2000.

Miller, Joshua, Critical Incident Debriefing and Social Work: Expanding the Frame, *Journal of Social Service Research*, 2003, 30 (2).

Minahan, Anne & Allen Pincus. Conceptual Framework for Social Work Practice, *Social Work*, 1977, 22 (5).

Mitchell, J. T. When Disaster Strikes···The Critical Incident Stress Debriefing Process, *Journal of Emergency Medical Services*, 1983, 8 (1).

Neal, David M. & Brenda D. Philips. Effective Emergency Management: Reconsidering the Bureaucratic Approach, *Disaster*, 1995, 19.

North, Carol S. & Barry A. Hong. Project Crest: a new model for mental health intervention after a community disaster, *American Journal of Public Health*, 2000, 90 (7).

Padgett, Deborah K, Social Work Research on Disasters in the Aftermath of the September 11 Tragedy: Reflections from New York City, *Social Work Research*, 2002, 26 (3).

Peters, B. G. & J. Pierre, Governing Without Government: Rethinking Public Administration, *Journal of Public Administration and Theory*, 1998, 8.

Pyles, Loretta, Community organizing for post-disaster social development: Locating social work, *International Social Work*, 2007, 50 (3).

Quarantelli, E. L. Disaster Response: Generic or Agent-Specific? in Kreimer and Munasinghe (eds), Managing Natural Disaster and the Environment. *Word Bank Press*, 1991.

Quarantelli, E. L. & Russell R. Dynes, Response to Social Crisis and Disaster, *Annual Reviews Sociology*, 1977, 3.

Quarantelli, E. L. What is a Disaster? *International Journal of Mass Emergencies and Disasters*, 1995, 13 (3).

Rogge, Mary E. The Future is Now: Social Work, Disaster Management, and Traumatic Stress in the 21st Century, *Journal of Social*

Service Research, 2003, 30 (2).

Saidel, Judith R. Dimensions of Interdependence: The State and Voluntary-Sector Relationship, *Nonprofit and Voluntary Sector Quarterly*, 1989, 18 (4).

Salamon, L. M. Partners in Public Services: The Scope and Theory of Government Nonprofit Relations, *In Powel, W. W. (ed.), The Nonprofit Sector: A Research Handbook*, New Haven: Yale University Press, 1987.

Salamon, L. M., Musselwhite, J. C. & Abramson, A. J. Voluntary organizations and the crisis of the welfare state, *New England Journal of Human Services*, 1984, 4 (1).

Shaw, M. M. Successful Collaboration Between the Nonprofit and Public Sectors, *Nonprofit Management & Leadership*, 2003, 14 (1).

Smith, k. G., S. J. Carroll & S. J. Ashford, Intra and Inter-organizational Cooperation: Toward a Research Agenda, *Academy of Management Journal*, 1995, 38.

Soliman, Hussein H. & Marry E. Rogge, Ethical Considerations in Disaster Services: A Social Work Perspective, *Electronic Journal of Social Work*, 2002, 1.

Streeter, Calvin L. & Susan A. Murty, Introduction, *Journal of Social Service Research*, 1996, 22 (1/2).

Thomson A. M. & J. L. Perry, Collaboration Processes: Inside the Black Box, *Public Administration Review*, 2006, 66.

Vlaar, P. W., F. A. J. Van den Bosch & H. W, Volberda. On the Evolution of Trust, Distrust, and Formal Coordination and Control in Inter-organizational Relationships, *Group and Organization Management*, 2007, 32 (4).

Webster, S. A. Disasters and disaster aid, *In Richard L. Edwards (Editor-in-Chief), Encyclopedia of Social Work* (19th ed.), Washington

D. C. : National Association of Social Workers Press, 1995.

Wegner, Dennis & James, Thomas, The Convergence of Volunteers in a Consensus Crisis: The Case of the 1985 Mexico City Earthquake, In Russell Dynes & Kathleen Tierney (eds.), *Disaster, Collective Behavior, and Social Organization*, Newark, Delaware: University of Delaware Press, 1994.

Yanay, U. & Sharon Benjamin. The Role of Social Workers in Disasters: The Jerusalem Experience, *International Social Work*, 2005, 48 (3).

Zakour, Michael J. & Evelyn B. Harrell, Access to Disaster Services: Social Work Interventions for Vulnerable Populations, *Journal of Social Service Research*, 2003, 30 (2).

Zakour, Michael J. Disaster Research in Social Work, *Journal of Social Service Research*, 1996, 22 (1/2).

Zakour, Michael J. Geographic and Social Distance during Emergencies: A Path Model of Inter-organizational Links, *Social Work Research*, 1996, 20 (1).

后　记

十年一觉震灾梦。

从 2008 年 10 月作为专业社工第一次在都江堰安置社区开展灾后服务，之后决定以这些弥足珍贵的第一手素材为基础展开博士学位论文的"攻坚克难"，再到博士后期间喜获国家社科项目，十年期间，"社工与灾害"成为我学术生活中的"关键词"，甚至一度因为"眉头解不开的结"而侵入我的日常生活和梦境生活。唯有将十年来的所学、所思、所写进行整理和编著，并以油墨清香的方式展现，方能知晓"社工、灾害与我"三者之间相互关系的本来面貌，亦是追忆记载十年学术生涯的最好方式。此乃我着手出书之本意。

写作本是一件考验毅力的辛苦之事，更是对研究功底的绝好验证。在清苦困顿的文字编撰过程中，我亲爱的爸爸、妈妈给予我最为无私伟大的帮助。为了支持我做好研究，他们给予我 360 度无死角的关心照顾和生活帮助；我一生挚爱的老公，兼此书的第一阅读者和无情批判者，对本书进行了逐字逐句的初稿审阅。不善言辞的他，通过善意的嘲讽和温暖的鼓励，给予我莫大的精神支持！基础薄弱的我，幸运得到张昱导师的持续教诲。一路走来，张老师不厌其烦地指导鞭策、经常性的肯定鼓励，对我来说是最具安定性的力量。

此书得以出版，得益于各方友人的慷慨支持：访谈对象的无私分享，让本书的论述更加丰满生动；学院给予充足的出版资金，免去我筹集出版经费的苦恼；在手稿转变为成书的过程中，中国社会科学出版社的赵丽老师作为本书的责任编辑，更是给予我耐心指导，对书稿进行悉心校对。在此，默默感念所有帮扶过我的各路友人。

作为第一次浅尝著作的"年轻"学者，本书论述欠妥之处，还望各位读者批评指正！

最后，谨以此拙著献礼"2008 汶川震灾"十周年。

张粉霞
华东政法大学汇贤楼　春暖花开时